新聞と公権力の暗部

「押し紙」問題とメディアコントロール

黒薮哲哉 著

鹿砦社

はじめに

被害金額の比較から本書を始めよう。

2022年7月8日、安倍元首相が旧統一教会に恨みを抱く人物から狙撃されて命を落とした。この事件をきっかけとして、旧統一教会による高額献金や霊感商法などの問題が急浮上した。被害額は、全国霊感商法対策弁護士連絡会によると、事件の前年までの35年間で総額1237億円に上るという。

これに対して、新聞の「押し紙」による被害がどの程度なのか、読者は想像できるだろうか。「押し紙」とは、簡単に言えば新聞社が新聞販売店に対してノルマとして買い取りを強制している新聞のことである。新聞販売店が、配達部数を超えた過剰な部数を自主的に買い入れるケースも稀にあるが、大半の販売店にとって「押し紙」政策は迷惑な制度である。当然、販売店は制度の廃止を切望している。

「押し紙」による被害額を裏付ける簡単な試算を紹介しよう。

日本全国で印刷される一般日刊紙の朝刊発行部数は、2021年度の日本新聞協会による統計によると、2590万部（朝刊単独部数）である。このうちの20％にあたる518万部が「押し紙」と仮定し、新聞1部の卸価格を1500円（月額）と仮定する。そうすると、「押し紙」による被害額は77億7000万円（月額）になる。この金額を1年に換算すると、約932億円である。

旧統一教会による被害額が35年間で1237億円であるから、この金額と「押し紙」による被害額を比較するためには、1年間の「押し紙」による被害額932億円を35倍（35年分）しなければならない。結論を言えば、被害額は32兆6200億円である。

しかも、この試算は誇張を避けるために、「朝夕セット版」を除き、「朝刊単独」だけを対象に見積もった試算だ（試算の詳細については、本書の第8章を照合してほしい）。したがって実際の被害額は、これよりもはるかに大きいと推測できるのだ。

公正取引委員会や裁判所などの公権力機関が正常・公正に機能していれば、「押し紙」は、合法的に取り締まることができる問題であるにもかかわらず、公権力機関は延々と解決を遅らせてきた。

「押し紙」問題は、戦前から存在したとの記録もある。販売店主が「押し紙」の代金を新聞配達員に肩代わりさせて争議に発展したとする記述が『新聞販売百年史』にある。しかし、「押し紙」問題が社会問題になったのは、戦後、1970年代からである。図らずも旧統一教会が、日本で本格的に活動を始めた時代と同じころである。つまり「押し紙」問題は統一教会の問題と同様に半世紀にわたり放置されてきた歴史を持っているのだ。

公正取引委員会は１９９７年に、北陸地方の弱小地方紙である北國新聞社に対して「押し紙」の排除命令を下した以外は、ほとんど「押し紙」問題に踏み込んでいない。新聞社の「押し紙」政策を、故意に放置してきたと評価されてもいたしかたない。販売店からの告発を次々と握りつぶしてきた。長年、「押し紙」を取材してきたわたしには、そんな評価しかできない。公権力は「押し紙」を黙認してきた。

また、裁判所も新聞社に対して法廷で「押し紙」政策を断罪したことは、皆無ではないにしろ、数件しかない。首をかしげざるを得ない不自然な判決内容で、販売店を敗訴させて、結果的に新聞社の「押し紙」政策を黙認してきたのである。

こうした公権力機関の対処方法の背景に、強い政治力が働いているのではないかとわたしは推測している。実際、販売店の間から、そんな疑いの声もあがっている。新聞社の担当員から面と向かって、

「あなたたちは『押し紙』裁判を起こしても絶対に勝てないですよ」

と、言われた販売店主もいる。

２０２０年11月、わたしは公正取引委員会に対して、電話取材のかたちで「押し紙」を取り締まらない理由を尋ねた。しかし、応対した職員は、何ひとつ真摯に回答しようとはしなかった。

「新聞販売店で残紙とか『押し紙』といわれる新聞が、大きな問題になっているという認識はありますか？」

「それ自体は承知しております」

「いつ知りましたか？」

「わたしも公正取引委員会で働き、取引部にいたこともあるので知っています。またネットなどにも出ています。黒薮さんのサイトも含めて。こうしたことは存じ上げております」

「問題になっているのに、なぜ、動かないのですか？」

「問題になっているということは知っていますが、じゃあなぜ動かないのかということについては、わたしどもからお答えすることは控えたいと思います。わたし個人としては、『押し紙』の事象があることは知っていますが、なぜ公正取引委員会が動かないのかということについては、申し上げる立場にありません」

「答えない」という回答に終始したのである。こうした姿勢の下で、「押し紙」問題は延々と放置されてきたのである（インタビューの全文は巻末の付録２に収録）。


わたしが本書で扱ったテーマは、日本の公権力機関が「押し紙」問題を延々と放置してきた背景にある事情である。商取引上の問題については、わたしのこれまでの「押し紙」関係の著作で取り上げてきたが、本書は、これまで欠落していた「押し紙」問題と公権力のかかわりという新領域に踏み込んだ。「押し紙」がもたらす莫大な不正金額に、公的権力が着目したとき、「押し紙」の放置がメディアコントロールの有力な道具に変質するであろうことを論じた。

それはちょうど戦前・戦中の日本政府が新聞用紙の配給制度を通じて、暗黙のうちにメディアに介入した構図に類似している。

本書は、前半で「押し紙」が新聞社に莫大な利益をもたらす仕組みを解明し、後半でその「押し紙」を柱としたビジネスモデルの問題点に踏み込む。公権力機関が新聞社の殺生権を握り、いかにして新聞社を優遇・保護してきたかに言及する。新聞ジャーナリズムが堕落した要因を、記者個人の職能や精神の問題に矮小化するのではなく、ビジネスモデルの中に探る。

本書の構成は以下の通りだ。

第1章では、「押し紙」問題とは何かを取り上げる。「押し紙」により広告主も被害を受けている実態を、地方自治体が実施している広報紙の新聞折り込み事業を例に紹介する。この章を読めば、「押し紙」による被害は、単に新聞業界の内部だけに限定されていないことが分かる。グレーゾーンに属する金額が増えれば増えるほど、公権力機関によるメディアコントロールがより効果を増す構図を読者は理解されよう。

第2章では、「押し紙」の定義を説明する。従来の「押し紙」の定義に代わって独禁法の新聞特殊指定に基づいた厳密な解釈を紹介する。この定義により「押し紙」問題を解決する指標が浮上している。実際、地方紙のレベルでは、販売店が「押し紙」裁判に勝訴する判例も生まれている。

第3章では、最新の「押し紙」裁判を通じて明らかになった、個々の販売店における「押し紙」の実態を報告する。また佐賀新聞の「押し紙」裁判を事例に、販売店が勝訴した要因を分析した。

第4章では、特定の広域地区における「押し紙」の規模を過去にさかのぼって検証した。

第5章では、「押し紙」に連動した「ロック」の実態を紹介する。「ロック」とは、新聞の注文部数（搬入部数）を長期にわたって固定させる販売政策である。「ロック」の実態調査は、わたしが発案したもので、単行本の中でこの分析法を紹介するのは初めてである。

これら第3章から第5章を通じて、「押し紙」による被害の実態を裏付けた。

第6章は、新聞社の「押し紙」政策をほう助してきたＡＢＣ部数公査の恐ろしい裏面を報告する。部数改ざんの手口を当事者から聞き出した。

第7章は、「押し紙」と表裏関係にある強引な新聞拡販の実態をレポートする。「押し紙」の負担を減らすために、販売店が新聞拡販に奔走する構図が浮かび上がる。

第8章と第9章では、第1章から第7章で解説した新聞社のビジネスモデルに公権力機関のメスが入らない理由に言及する。「押し紙」研究の新しい領域である。

幸いに「押し紙」問題の解決の兆しは見え始めている。「押し紙」政策に対して疑問の声をあげる販売店が急増しており、次々と「押し紙」裁判が提起されている。これに対して新聞社サイドは焦りの色を濃くしている。まだしばらく両者の攻防は続くが、わたしは近い将来にこの問題が解決することを確信している。

2022年9月、朝日新聞の公称部数が400万部を割り込み、399万部となった。かつては800万部のメディアだったが、この1年間だけでも63万部を失った。

一方、朝日のライバル紙である読売新聞の部数は667万部だった。前年同月比較で37万部減。すでに1000万部の看板を掲げたメディアではない。さらに毎日新聞の部数は187万部、産経新聞は100万部、日経新聞は170万部だった。いずれの新聞も部数減が止まらない。

中央紙（朝日、読売、毎日、産経、日経）がこの1年間に減らした部数は、総計で134万部になる。これは東京新聞（38万部）が3・5社消えたに等しい。

これらの減部となった新聞は、本当に読者のもとへ届いていたのだろうか。わたしは最新の視点で「押し紙」に切り込んだ。

新聞と公権力の暗部◎目次

第1章　メディアコントロールの温床

２０１９年の夏、わたしは新聞販売店の元従業員から、新聞に折り込んで配布する広報紙を販売店が水増し受注しているという告発を受けた。

元従業員は、販売店の店舗に積み上げられた『えどがわ』（東京都江戸川区の広報紙）の写真をメール送付してきた。店舗で過剰になっている広報紙の写真である。この販売店は広告代理店を通じて、水増しして配布しなかった広報紙に対しても、江戸川区に折込手数料を徴収しているという。

わたしは、これだけ多くの水増しされた折込媒体を見たことがなかった。広報紙の水増し実態が内部告発で露わになるケースは数少ない。

折込媒体の水増しは、「押し紙」から派生する副次的な問題である。「押し紙」とは、新聞購読者数に適切な予備紙を加えた部数を超えて搬入される新聞のことである。残紙とも呼ばれる。たとえ

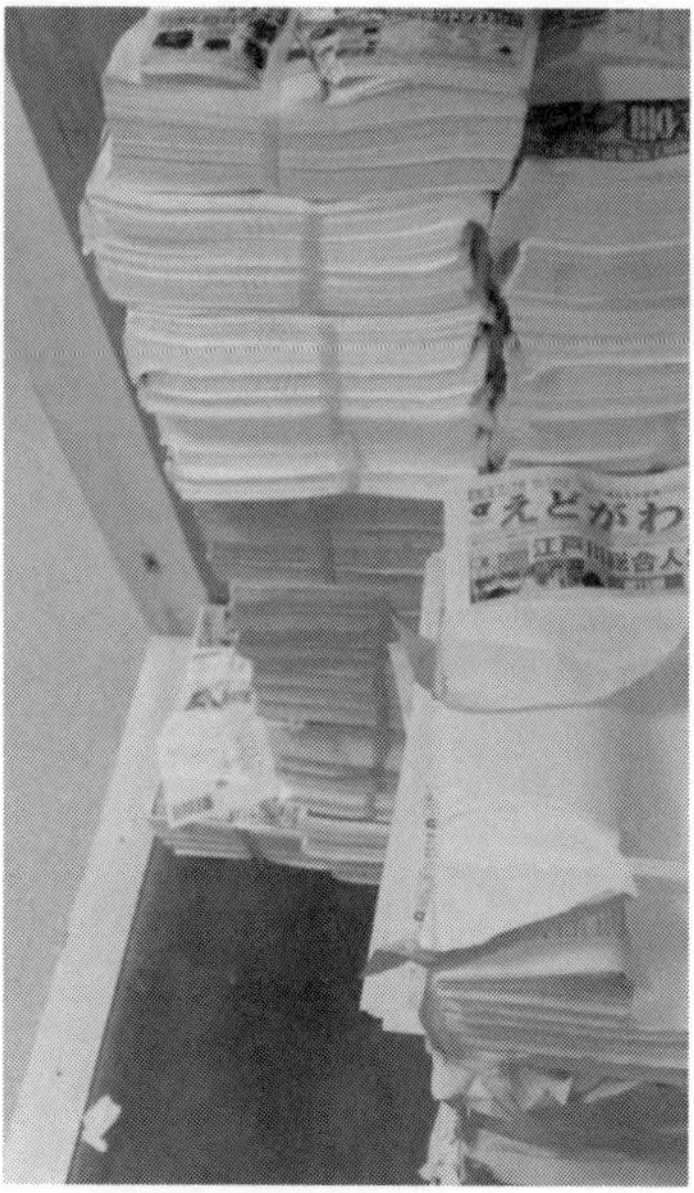

新聞販売店の店舗に積み上げられた東京都江戸川区の広報紙『えどがわ』。水増し状態になっていた。

ば、ある販売店が３０００人の読者に新聞を配達していると仮定する。この場合、販売店が必要な部数は、原則的には３０００部である。この３０００部に若干の予備部数（伝統的には、搬入部数の２％とされている）があれば、配達業務に支障をきたすことはない。

　ところが実際には、ほとんどの新聞社が正常な予備部数の範囲をはるかに超えた新聞部数を販売店に搬入している。たとえば販売店経営に必要な部数が３０００部であるにもかかわらず、４０００部を搬入する。その結果、差異の約１０００部が残紙になる。しかし、新聞社は過剰になった部数についても、新聞の卸代金を徴収する。こうして新聞社は販売収入を増やすのだ。

（注：厳密な「押し紙」の定義については、若干複雑なので、本章では踏み込まない。第２章で言及する。本章では、必要最低限の範囲にとどめておく）

「押し紙」は副次的な問題を引き起こす。それが『えどがわ』を例に紹介した折込媒体の水増しである。折込媒体の販売店への割り当て枚数（部数）は、新聞の搬入部数に一致される基本原則がある ので、新聞の搬入部数に「押し紙」が含まれていれば、折込媒体が水増し状態になる。「押し紙」に相当する部数の折込媒体が配達されることなく店舗に余ってしまう。そして古紙回収業者により秘密裡に回収される。

本章で言及している販売店の「押し紙」（広義の残紙）。東京都江戸川区の広報紙『えどがわ』と一緒に廃棄されていた。

もっとも最近は、広告主がこのような実態と構図を見抜いて、自主的に折込媒体の発注枚数を減らす傾向が顕著になっているが、公共の折込媒体に関しては、割り当て枚数を新聞の搬入部数に一致させる原則がある。ジャーナリズムのブランドがある新聞社が不正を働くはずがないという思い込みが広告主にあるからだ。

内部告発者である元従業員によると、この販売店に対して新聞社は約4000部の新聞を搬入していたという。しかし、実際に配達していた部数（実配部数）は約1300部だった。実に約2700部が「押し紙」となっていた。それに準じた枚数（部数）の『えどがわ』も廃棄していたと話している。

◇東京・江戸川区の広報紙を大量廃棄

わたしは取材の第一歩として、江戸川区に対する情報公開制度を利用して、内部告発があった2019年度の江戸川区全域における『えどがわ』の新聞折込部数（以下、折込定数）を調べてみた。同区にある全販売店に対して江戸川区が搬入している『えどがわ』の総部数を調査したのだ。

江戸川区が情報開示した資料によると、『えどがわ』の折込定数は、14万4700部（朝日、読売、毎日、日経、産経、東京）だった。このうちどの程度の『えどがわ』が「押し紙」と一緒に廃棄されているのかという点がわたしの関心だった。

しかし、江戸川区全域における新聞（朝日、読売、毎日、産経、日経、東京）の「押し紙」部数を示すデータは存在しない。こうしたデータは、企業秘密にかかわるので、開示されていない。「押し紙」をめぐる係争が起きない限り、それが外部にもれることはほとんどない。

そこでわたしは大胆な仮説を立てた。それは『えどがわ』の折込定数が、新聞の搬入部数を上回っている可能性である。たとえ「押し紙」が1部も存在しないと仮定しても、『えどがわ』が水増し状態になっているのではないかと考えたのだ。新聞業界のモラルハザードを考慮したとき、絶対にあり得ないことではないと思った。

わたしは江戸川区下の販売店に搬入されている新聞の総部数を調査することにした。幸いこのデータは、日本ABC協会が定期的に刊行している『新聞発行社レポート』で誰でも確認することができる。ＡＢＣ部数として一般に公開されている。

調査の結果、わたしの予感は的中した。江戸川区全体の折込定数が、江戸川区全体のＡＢＣ部数を上回っていたのだ。次に示すのが、両者の比較である。

『えどがわ』の折込部数：14万４７００部
江戸川区のＡＢＣ部数：13万４３０３部
水増し部数：１万３９７部

『えどがわ』の総部数が、ＡＢＣ部数を約1万部超えている。たとえ「押し紙」が1部も存在しないと想定しても、『えどがわ』が水増し状態になっていたのだ。「押し紙」が存在すれば、水増しの度合いはさらに大きくなる。

わたしはこの調査結果を踏まえて、東京23区を対象に江戸川区と同じ現象が発生していないかを調べることにした。その結果、驚くべきことが判明した。

◇東京は23区のうち12区で水増し

わたしはまず各区役所の広報部に新聞折込により広報紙を配布しているかどうかを問い合わせた。

地域	広報誌の発行数	折込定数	新聞ABC部数
荒川区	64,500	48,200	38,145
板橋区	166,000	135,000	110,092
江戸川区	216,300	144,700	134,303
大田区	339,000	162,450	143,433
品川区	130,000	103,000	79,124
新宿区	127,000	98,000	75,533
杉並区	170,000	145,380	122,243
世田谷区	266,700	238,000	204,406
豊島区	96,000	76,500	43,772
練馬区	210,000	180,300	153,048
港区	110,000	90,600	74,859
目黒区	87,000	74,000	51,971

著者が調査対象にした東京都の12区の広報紙。いずれの区でも、広報紙の折込数がABC部数を大きく上回っている。

その結果、23区のうち16の区が新聞折込による広報の配布を実施していることが分かった。次の区である（2019年の時点）。

荒川区、文京区、千代田区、中央区、江戸川区、板橋区、目黒区、港区、練馬区、大田区、世田谷区、品川区、新宿区、杉並区、墨田区、豊島区

調査の第二段階として、わたしは情報公開制度を利用して、これら16区を対象に広報紙の折込定数を調べた。さらに、区ごとの新聞のＡＢＣ部数を『新聞発行社レポート』で調べた。

その結果、次の区で、広報紙の折込定数がＡＢＣ部数を上回っていることが分かった。「押し紙」の有無を調査するまでもなく、広報紙の水増しが明らかになった。

荒川区、文京区、江戸川区、目黒区、港区、練馬区、大田区、世田谷区、品川区、新宿区、杉

並区、豊島区

前頁の表は、これら12区における広報紙の発行部数、折込定数、それにABC部数の比較一覧である。水増し率は、おおむね20％前後であるが、目黒区は29・8％、豊島区は42・7％と突出している。

しかも、これらの水増し率は、「押し紙」が1部も存在しないという仮の前提で計算したものであるから、「押し紙」があれば、水増しの割合はさらに高くなる。

最も水増し率が高い豊島区をクローズアップして、不正の実態を検証してみよう。

◇豊島区の広報紙、水増し率43％

豊島区は、広報紙『広報としま』を発行している。同区のウェブサイトによると、「毎月1日は『特集版』と『情報版』を、毎月11・21日は『情報版』を発行」している。「また年に2回、『特別号（としまplus）』（A4冊子版）を全世帯に配布」する。

基本的に区民は、デジタルブック版で『広報としま』にアクセスする制度になっているが、「ほか、日刊紙（朝日・読売・毎日・東京・産経・日本経済）への折り込みや、区内各駅の広報スタンド、区内ファミリーマート、区内公衆浴場、区内郵便局、区施設の窓口にも置いて」いる。「また、区内在住で、

水増し疑惑がある東京都豊島区の広報紙『広報としま』。

新聞を購読していない世帯（企業は除く）で、ご希望のかたに個別配布」をしている。戸別配布の部数は、同区の広報課によると、月に4000部程度である。

『広報としま』の新聞販売店向けの折込定数、ABC部数、水増し部数、水増し率は、次の通りである。

新聞折込部数：7万6500部
ABC部数：4万3722部
水増し枚数：3万2788部

過剰になった『広報としま』の枚数は、3万2778部である。水増し率にすると43%にもなる。前述の通り「押し紙」があれば水増し率は、さらに高くなる。

そしてその可能性は、「押し紙」問題が深刻になっている現在の新聞業界の実態からすると極めて高い。

ちなみに2020年度のデータは次の通りである。

折込定数：7万4950部
ABC部数：3万7236部
水増し枚数：3万7714部

水増し枚数は、2019年度よりも増えている。

わたしはさらに調査対象の自治体を広げた。千葉県を対象に抜き打ち調査を実施した結果、船橋市、流山市、柏市、山武市などで同じような広報紙水増しの実態があることが分かった。日本全国の自治体を調査すれば、各地で同様に不合理な現実が判明する可能性がある。

◇首都圏・一都三県の広報紙の水増し

都道府県が発行する広報紙についても、調査を実施した。その結果、水増し状態になっているケースが見つかった。

わたしは調査の最初のステップとして、全国の都道府県に対して広報紙の配布方法を問い合わせた。その結果、2020年の時点で3分の1程度の都府県が、新聞折込による広報紙配布を実施していることが分かった。このうち首都圏（東京都、埼玉県、神奈川県、千葉県）の調査結果を紹介しよう。

水増しの定義は、広報紙の折込定数がABC部数を超えている状態とした。東京23区を対象とした調査と同様に、「押し紙」は1部も存在しないという仮の前提で調査を進めた。地域ごとの「押し紙」の実態が正確には分からないからだ。

結論を先に言えば、神奈川県を除く東京都、埼玉県、千葉県で広報紙が水増し状態になっていた。以下、詳細を報告しよう。

■埼玉県

埼玉県の広報紙『彩の国だより』の折込定数は、201万2000部（2020年11月）である。

これに対して埼玉県全域における新聞の発行部数は、167万4569部だった。データの出典は、朝日、読売、毎日、日経、産経、東京の各紙のABC部数である。埼玉新聞については、日本ABC協会の会員社ではないので、ABC部数のデータがない。そこで同社に発行部数を確認した。

折込定数と新聞の総部数を比較すると、前者が後者を上回っている。つまり広報紙は、たとえ「押し紙」が1部も存在しなくても、水増し状態になっている。

折込料金は、広報紙1部につき7・62円である。したがって22万部が水増しされていれば、約168万円が水増し請求になる。年間では、約2017万円である。

埼玉県の広報広聴課によると折込定数を決めているのは、広報紙の折込配布を請け負っている埼玉県折込広告事業協同組合という団体である。念のためにわたしは、この団体の事務所を訪問してみたが、責任者と面談することはできなかった。

■千葉

次に千葉県の広報紙『ちば県民だより』の調査結果を紹介しよう。『ちば県民だより』の折込定数は、177万9000部（2020年6月）だった。これに対して、千葉県下における新聞の総部数は、約156万8369部である。データの出典は、朝日、産経、東京、日経、毎日、読売の部数がABC部数である。千葉日報については、日本ABC協会の会員社ではないので、ABC部数のデータが存在しない。そこで日経新聞の記事（2019年6月14日）の中で引用されていた部数を採用した。

『ちば県民だより』の折込定数と新聞総部数を比較すると、『ちば県民だより』の方が、新聞の総部数よりも約21万部も多い。大幅な水増し状態になっている。

■東京

最後に東京都の『広報東京都』の調査結果を報告しよう。『広報東京都』の折込定数は、282万1000部（2020年4月）である。これに対して東京都全域におけるABC部数は、277万7430部である。

折込定数が新聞のABC部数を約4万部ほど上回っている。4万部程度であれば、予備部数と解釈することもできるが、それはあくまでも「押し紙」が1部も存在しない場合の解釈である。しかし、東京都内で「押し紙」が、販売店から回収されている場面は、あちこちで確認されている。写真もある。したがって、『広報東京都』も水増しされていると考えるのが妥当だ。

◇新聞企業の存立を脅かす要素とは

折込媒体の水増しとそれに連動した「押し紙」問題の追及は、新聞ジャーナリズムが立脚している新聞社のビジネスモデルを根本から問う作業である。わたしが「押し紙」問題を重視してきたのは、日本の新聞ジャーナリズムが機能不全に陥っている最大の原因が、ビジネスモデルにあると考えているからだ。新聞ジャーナリズムの衰退を、記者個人の職能や精神の問題として捉えるのではなく、客観的な経済構造の中に発見しなければ解決しないと考えているからだ。

公権力が、新聞の報道内容をコントロールしようとするとき、紙面よりも、経営上の弱点に着目する。それは現在に限ったことではない。戦前戦中は、政府が新聞用紙の配給権を握ることで新聞社に介入した。このあたりの事情については、本書第8章で踏み込みたい。本章では、新聞研究者の故・新井直之氏の、『新聞戦後史』（栗田出版）の次の一文を引用するにとどめる。

新聞の言論・報道に影響を与えようとするならば、新聞企業の存立を脅かすことが最も効果的であるということを、政府権力は知っていた。そこが言論・報道機関のアキレスのかかとであるということは、今日でもかわっていない。

現在の新聞社が抱えている最大の汚点は「押し紙」問題なのである。それは新聞業界の境界を越えて、外部にも経済的な害毒をもたらしている。

公権力は、この問題を黙認すれば、新聞の報道内容を暗黙裡にコントロールできる。「押し紙」問題にメスを入れると、新聞社は壊滅的な打撃を受けるからだ。

第2章　新聞特殊指定の下での「押し紙」の定義

前章では折込媒体と「押し紙」の表裏関係に言及しながらも、混乱を避けるために「押し紙」の実態そのものについては深く踏み込まなかった。たとえ「押し紙」が1部たりとも存在しなくても、それでもなお広報紙が水増し状態になっているケースが散見されることを紹介した。したがって「押し紙」の数量を明らかにすれば、不正な商取引の中身が一層鮮明に輪郭を現してくる。メディアコントロールの温床の正体が見えてくる。

しかし、「押し紙」の数量を検証する前に、わたしは「押し紙」の定義を説明しておかなければならない。誤解されている側面があるからだ。それが「押し紙」問題の解決を妨げている。

◇「押し紙」と「積み紙」

最初に伝統的な「押し紙」の定義を説明しよう。「押し紙」とは、新聞社が販売店に対して、「ノルマとして押し売りした部数」のことである。これが一般的に知られてきた定義である。「押し売り」という不法行為がキーワードである。

「押し紙」に関するわたしの旧来の著書でも、「押し紙」の定義として「ノルマとして押し売りした部数」であることを強調していた。しかし、後述するように独禁法の新聞特殊指定に照らし合わせると、この定義には重大な誤解がある。それがこれまで販売店が「押し紙」裁判でなかなか勝訴できなかった原因と言っても過言ではない。

従来、「押し紙」裁判で、原告の販売店が勝訴するためには、過剰になっていた新聞が新聞社により押し売りされた部数であることを立証しなければならなかった。残紙が存在するというだけでは、損害賠償は認められなかった。残紙が押し売りの結果であることの立証が求められた。

あらためて言うまでもなく、新聞社は新聞販売店で過剰になっている新聞が押し売りの産物だとは認めない。販売店が自主的に注文した結果、過剰になった部数だと主張する。これが「積み紙」の論理といわれるものである。

「積み紙」の論理が成立する背景には、次のような事情がある。

社会通念からすれば、販売する予定がない商品を好んで仕入れる事業者はいないが、新聞販売店主に限って言えば、配達予定のない新聞を好んで仕入れる店が稀にある。奇妙な話だが、これは紛れもない事実である。

というのも「積み紙」は折込広告の収入を水増しするための道具になるからだ。

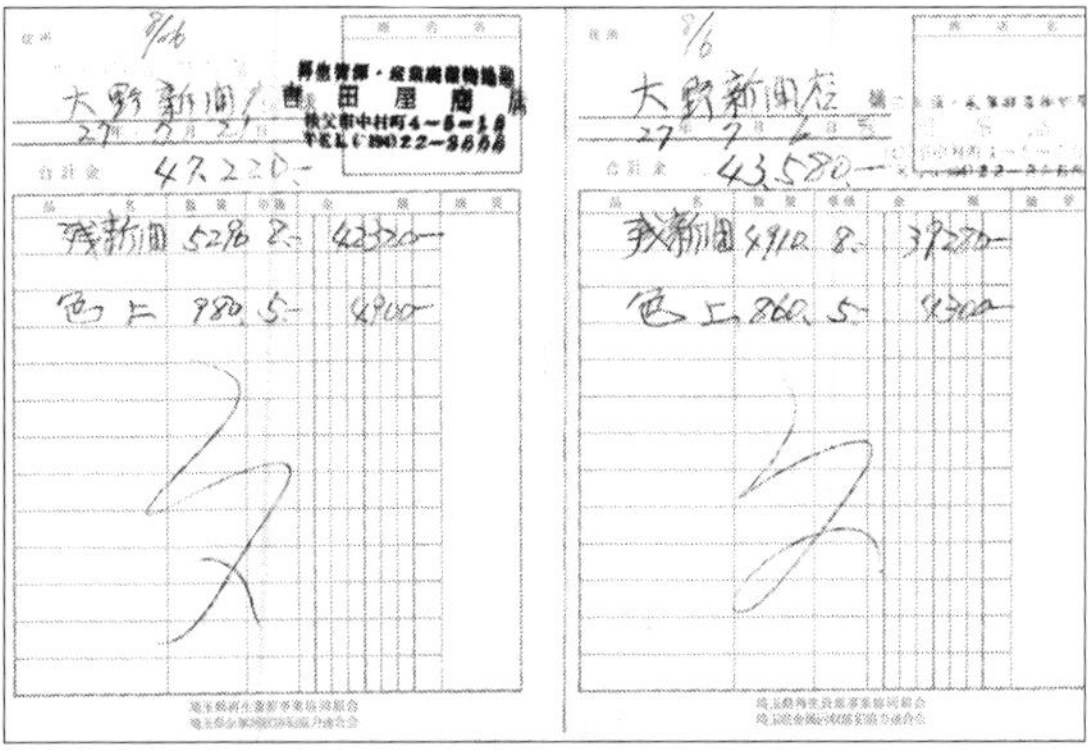

古紙回収業者の伝票。「残新聞」は残紙を意味する。「色上」は折込広告を意味する。2015年７月21日付けの伝票によると、残紙が約５トン、折込広告が約１トン回収されている。残紙の部数が折込広告の枚数を大幅に超えている。従って販売店に折込広告を水増しする悪意があった可能性は極めて低い。（付録３を参照）

チラシなど折込媒体の商取引では、ＡＢＣ部数に準じて折込定数（折込媒体の割り当てる枚数・部数）を決める慣行がある。たとえばＡＢＣ部数が３０００部であれば、その中に配達しない部数が含まれていても、原則として折込定数を３０００枚に設定する。時には、第1章で紹介したように、ＡＢＣ部数よりも多い枚数を折込定数として設定することもある。逆に広告代理店が提示する折込定数がＡＢＣ部数を下回ることはまずない。

ＡＢＣ部数を折込定数として採用する伝統的な原則を前提に、「積み紙」により販売店が得る不正な収益を試算してみよう。

たとえば、新聞1部の卸原価が１５００円（月額）で、新聞1部が生み出す折込媒体の収入が2000円（月額）とする。この場合、販売店は新聞の卸原価1500円を新聞社に支払っても、なお500円の利益を得る。読者から新聞購読料を徴収できず、自腹を切って「押し紙」の卸代金を納金しても、なおも500円の収入を得ることができるのだ。「積み紙」が500部であれば、25万円の不正な収益が生まれる試算になる。

このような構図の下では残紙があっても、それが販売店の負担にはならない。それどころか逆に不正な広告収入を増やす道具になる。

さらに「積み紙」によるメリットに関して、次の点にも着目する必要がある。多くの新聞社は、新聞の搬入部数に準じて奨励金や補助金を支給する。そのために、残紙を含む新聞の総部数が増えれば増えるほど、販売店はより多額の奨励金や補助金を得ることができる。

このような構造の中で新聞社は、販売店の残紙は自分たちが押し売りした部数ではなく、販売店がみずからの希望で注文した「積み紙」だと主張する。「押し売り」という不法行為を否定する。

それは一応論理としては成り立つ。それゆえに新聞社は、「押し紙」裁判になると、「押し売り」による不法行為を否定する方向性で抗弁する。その抗弁が可能になるのは、「積み紙」が存在する場合があるからにほかならない。

つまり「押し紙」と「積み紙」は、対立関係にある。

ただ、社会通念からすれば販売予定がなく、しかも在庫にする価値がない「日替わり商品」をあえて仕入れる事業者はいない。そのために大半の人は、販売店の残紙は、新聞社が押し売りした新聞と見なして、広義に「押し紙」と呼んでいるのだ。

◇新聞社に共通した「積み紙」の論理

２００９年、『週刊新潮』（２００９年6月11日号）にわたしが執筆した「『新聞業界』最大のタブー『押し紙』を斬る！」と題する記事に対して、読売新聞が名誉毀損裁判を起こした事件がある。

滋賀県下における新聞各紙の「押し紙」率を推定した内容の記事で、判決では読売新聞の主張が認められ、わたしと新潮社は敗訴したのだが、この裁判の中でも、残紙が「押し紙」か「積み紙」かが争点のひとつになった。

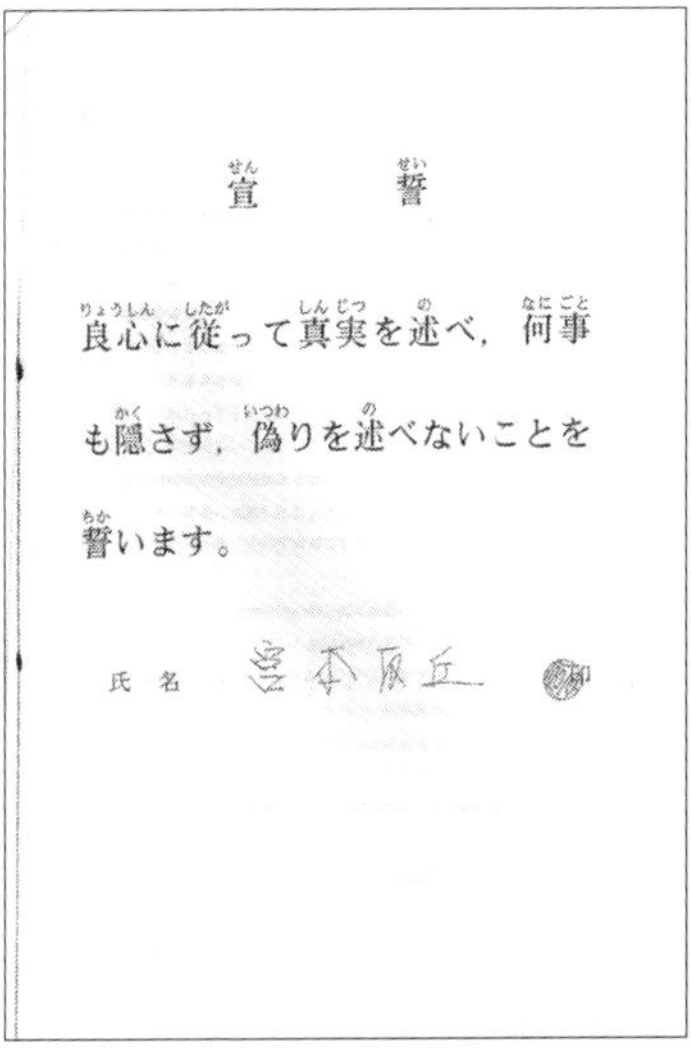
宣《せん》　誓《せい》

良心《りょうしん》に従《したが》って真実《しんじつ》を述《の》べ，何事《なにごと》も隠《かく》さず，偽《いつわ》りを述《の》べないことを誓《ちか》います。

氏　名　宮本友丘　印

『週刊新潮』対読売新聞社の裁判。尋問に先立って読売新聞の宮本友丘専務が読み上げた誓約書。読売新聞が「押し紙」をしたことは過去にも現在にも一度もないと証言した。

残紙は「積み紙」とする読売側の主張は、尋問の中でも顕著に表れた。次に紹介する証言は、読売新聞の宮本友丘専務が、読売の代理人・喜田村洋一弁護士（自由人権協会代表理事）の質問に答えるかたちで、自社の主張を展開した箇所である。

喜田村弁護士：この裁判では、読売新聞の押し紙が全国的に見ると30パーセントから40パーセントあるんだという週刊新潮の記事が問題になっております。この点は陳述書でも書いていただいていることですけれども、大切なことですのでもう1度お尋ねいたしますけれども、読売新聞社にとって不要な新聞を販売店に強要するという意味での押し紙政策があるのかどうか、この点について裁判所にご説明ください。

宮本：読売新聞の販売局、あと読売新聞社として押し紙をしたことは1回もございません。

喜田村弁護士：それは、昔からそういう状況が続いているというふうにお聞きしてよろしいですか。

宮本：はい。

喜田村弁護士：新聞の注文の仕方について改めて確認をさせていただきますけれども、販売店が自分のお店に何部配達してほしいのか、搬入してほしいのかということを読売新聞社に注文するわけですね。

宮本：はい。

このような見解は、後述するように新聞特殊指定における「押し紙」の定義を正確に踏まえていないが、あながち頭から間違っているわけではない。実際、日本経済が好調だった時代は、折込媒体の受注が多かったので、残紙があっても販売店の経営は安定していた。残紙が販売店の負担にならないケースもあった。

◇「積み紙」から「押し紙」への質的変化

実際、バブルの時代に東京都内で販売店を経営した体験を持つ元店主は、「あんなに楽をして儲かる仕事はなかった」と当時を回想する。「積み紙」が、莫大な折込広告収入を生んでいたというのだ。当然、実配部数と公称部数の間には乖離があった。しかし、「積み紙」により、過剰な新聞の卸代金を相殺できるほどの莫大な利益を上げていた。

販売店主の中には、賃貸マンションを建てたり、ヨットを所有する者もいた。温泉地のホテルを借り切って販売関係者が宴会を開いたこともあったという。新年会は東京の帝国ホテルで開くことを恒例にしていた業界団体もあった。

当時、折込広告は有力な宣伝媒体であり、特に都市部では需要が高く、販売店は残紙で生じる損害を、折込媒体の収入で相殺できた。だから、新聞社が一方的に大量の新聞を送り付けて、その卸

新聞販売店で過剰になった折込広告。折り込まれないまま古紙回収業者により回収・廃棄されるが、広告主に対して折込手数料は請求される。

代金を請求しても、苦情を言う店主はほとんどいなかった。店主らは業界の慣行に従ったのである。それに異を唱えれば、新聞業界から追放されかねない。

残紙の性質が「押し紙」であろうが、「積み紙」であろうが、新聞社は残紙によって二つのメリットを得る。第一は、販売収入の増加である。残紙に対しても卸代金を徴収する慣行になっているから、販売店への搬入部数が多ければ多いほど販売収入は増える。

第二のメリットは、紙面広告の営業に有利な条件を獲得できる点である。残紙はＡＢＣ部数にも計上されるわけだから、ＡＢＣ部数が増えれば、新聞社は広告主に対して、紙面広告のＰＲ効果をより強く誇示できる。

このように新聞社にとって、残紙はグレーな領域があるにしても、販売収入と広告収入を増やす大きな要素なのである。残紙が「積み紙」の場合は、販売店も利益を得ることができる。こうした状況の下で、「押し紙」と「積み紙」の概念が形成された可能性が高い。言葉の概念というものは、脳の分泌物ではなく、客観的な外界の反映であり、「押し紙」と「積み紙」の概念も例外ではない。残紙の性質が販売店にとって「押し売り」の性質を持っている場合と、メリットをもたらす場合があったから、「押し紙」と「積み紙」の使い分けが定着したのである。

◇新しい「押し紙」の定義

「押し紙」裁判が増える状況の下で、弁護士による「押し紙」問題の研究も進んだ。江上武幸弁護士は、２０１６年に提起した佐賀新聞に対する「押し紙」裁判で、より厳密な「押し紙」の定義を提示している。それは独禁法の新聞特殊指定に忠実に即した定義である。

結論を先に言えば、この定義は「実配部数＋予備紙」の総計部数を販売店が真に必要な部数（「必要部数」）と捉え、それを超える部数は理由のいかんを問わず「押し紙」とするものである。したがって、ここでは「積み紙」の概念は排除される。また、「押し売り」という不法行為の結果として生じた残紙かどうかの判断は、副次的な検証点となる。新聞社が供給した部数が「必要部数」を超えているかどうかが核心的な論点なのである。

あらためて言うまでもなく、この定義は江上弁護士が我田引水にでっち上げたものではない。独禁法の新聞特殊指定の歴史をさかのぼって、公取委の公文書で確認した定義である。

独禁法の新聞特殊指定は、「押し紙」について次のように定義している。

［3］発行業者が、販売業者に対し、正当かつ合理的な理由がないのに、次の各号のいずれかに該当する行為をすることにより、販売業者に不利益を与えること。

一、販売業者が注文した部数を超えて新聞を供給すること（販売業者からの減紙の申出に応じない方法による場合を含む）。

二、販売業者に自己の指示する部数を注文させ、当該部数の新聞を供給すること。

これらの条項の下では、新聞社は、自分たちは新聞を「押し売り」したことはなく、「販売店が注文した部数を供給しただけだ」と抗弁できる。というのも外形的には販売店が「注文部数」を決めて「発注書」を作成する手続きがあるからだ。したがって、帳簿上では、「注文部数」を決めたのは販売店という構図になってしまう。販売店からの「注文部数」に応じて、販売店に新聞を提供したという新聞社の詭弁が正当化されてしまう。これまでの「押し紙」裁判でめったに販売店が勝訴できなかった最大の原因はここにある。

◇特殊指定の下での「注文部数」

しかし、新聞特殊指定の下における「注文部数」は、一般的な定義とは異なっている。実際、１９６４年に公正取引委員会が交付した新聞特殊指定の運用細目は、「注文部数」を次のように定義している。

「注文部数」とは、新聞販売業者が新聞社に注文する部数であって新聞購読部数（有代）に地区新聞公正取引協議会で定めた予備紙等（有代）を加えたものをいう。

（注：文中の地区新聞公正取引協議会とは、日本新聞協会に加盟している新聞社で構成する組織である。実質的には日本新聞協会そのものである）

この規定によると、新聞特殊指定の下での「注文部数」とは、新聞の実配部数に加えて、破損などを想定して仕入れる予備紙をプラスした部数の総計である。次のような構図である。

「注文部数」＝実配部数＋予備紙

念を押すまでもなく、「実配部数」とは、販売店が実際に配達している部数のことである。これは新聞の購読者数に準じる。

一方、予備紙というのは、新聞配達の際の新聞の破損などを想定して仕入れる新聞のことである。予備紙の量は、もともと実配部数の2％（2％ルール）に設定するのが新聞業界の慣例だった。たとえば、実配部数が1000部であれば、予備紙はその2％にあたる20部である。したがって適正な注文部数は「1000部＋20部」ということになり、それを超える部数は、理由のいかんを問わず「押し紙」と見なす。超過する部数が従来の定義で言う「押し紙」に該当するか、それとも「積み紙」に該当するかということは一次的な問題ではない。

江上弁護士は「注文部数」の定義・解釈について次のように述べている。

「特殊指定の『注文部数』は、社会一般に使用される意味合いではなく、新聞特殊指定を論ずる上で定義づけられた用語であり、『新聞販売業者が実際に販売している部数に適正な商慣習に照らして適当と認められる予備紙等を加えた部数』とされています」

この定義は、公正取引委員会が1964年に新聞特殊指定の実施要綱を交付した時点から、現在まで変更されていない。ただ、新聞協会は、1998年に2％ルールを削除した。これについては第9章で取り上げる。2％ルールの削除は「押し紙」を増やすための販売政策だった可能性が高い。

実際、2％ルールがなくなると、「予備紙」の名目で残紙がどんどん増えていった。実態としては「押し売り」された新聞であっても、販売店が希望して仕入れた「予備紙」とされたのだ。

しかし、予備紙の大半は、古紙回収業者により回収されており、予備紙としての実態はない。

繰り返しになるが、江上弁護士が確認した新聞特殊指定の定義に立てば、残紙の中身が押し売りされたものか、それとも販売店が自主的に買い取った「積み紙」なのかは一次的な問題ではない。「実配部数＋予備紙」（「必要部数」）が「注文部数」であって、それを超えた部数は、原則的にすべて「押し紙」である。新聞特殊指定は、「押し紙」をそのように定義づけている。

この解釈が「押し紙」問題を解決する鍵になる可能性が浮上している。実際、2020年、佐賀地裁は佐賀新聞を被告とする「押し紙」裁判（第4章参照）で、原告の請求を認めた。裁判所は、この定義を認定したわけではないが、佐賀新聞の独禁法違反を認定するなど、これまでの「押し紙」裁判の傾向とは逆に、新聞社の責任を追及する方向の判例を示したのである。裁判所が特殊指定の下における「押し紙」の定義を熟考した可能性が高い。

ちなみに読者は次のような疑問を抱くかもしれない。江上弁護士が特殊指定の下での「押し紙」の定義を指摘するまで、歴代の裁判官はそれを知らなかったのかと。知っていたのであれば、それを根拠として、「押し紙」問題にメスを入れることができたのではないかと。

実は、わたしもこの点に疑問を持った。しかし、司法関係者に確認すると、裁判官は弁護士が指摘しない事柄については、原則として踏み込まないという。その意味で江上弁護士が提示した定義の問題は、今後の「押し紙」裁判に大きな影響を及ぼす可能性があるだろう。「押し紙」問題を解決する鍵になり得る。

以下、本書では、ここで紹介した最新の「押し紙」の定義を採用する。ただし、問題の本質をより明快に指摘することを目的として、必要に応じて旧来の意味での「押し紙」、「積み紙」も併用する。また「残紙」という用語は、単純に販売店で過剰になっている新聞という意味で使用する。これには「予備紙」も含まれている。

第3章　「押し紙」裁判で判明した残紙の実態

今世紀に入ってから新聞販売店が新聞社に対して、「押し紙」による損害賠償を求める「押し紙」裁判が増え始めた。しかも、損害賠償の対象になる「押し紙」の量が尋常ではない。「押し紙」率が40%を超える事例もある。

この章では、「押し紙」裁判を通じて明らかになった「押し紙」の実態を、最近の実例から紹介しよう。なお、「押し紙」問題が裁判にまでエスカレートする係争では、相対的に残紙率が高い傾向があるので、訴訟を起こした販売店の残紙率が、必ずしも新聞社全体の残紙率に相当するとは限らない。以下に紹介するのは、あくまでもひとつの参考例である。

◇独禁法違反に認定された佐賀新聞

最初に取り上げるケースは、佐賀新聞・吉野ヶ里販売店の元店主・寺崎昭博氏が、2016年に佐賀新聞社を相手に起こした「押し紙」裁判である。請求額は、8186万円だった。

提訴の際に寺崎氏が裁判所に提出した「押し紙」一覧によると、「押し紙」率は、当初は10%程度だったが、2012年6月には約19%に上昇した。その後、佐賀新聞社が一斉減紙（全販売店を対象に新聞社が「押し紙」を減らす行為）を実施したこともあって、廃業時には約14%に減少した。

2020年5月、佐賀地裁は寺崎氏の訴えに判決を下した。寺崎氏の勝訴だった。損害賠償額は1066万円。予備紙の2%を除く残紙を「押し紙」として認定したのである。ただ、請求期間の一部については時効が過ぎているとして賠償を認めなかった。

この判決の最大の注目点は、裁判所が佐賀新聞社に対する独禁法違反を認定したことである。「押し紙」裁判の歴史上、初めてのことである。

最大の勝因は、寺崎氏の弁護団（江上武幸弁護士）が独禁法の新聞特殊指定における「押し紙」の定義を前面に押し出したことである。第2章で述べたように裁判所はなぜか定義自体は認定しなかったが、その影響を受けた可能性が高い。

佐賀新聞は、新聞拡販の年間目標部数を決め、その部数を販売店に注文させていた。同社は、販売店に対して毎年3月時点の搬入部数を基に、4月から始まる次年度の年間目標を指示していた。

たとえば、3月の搬入部数が1000部で、年間の増紙目標部数を72部に設定したとする。この場合、ひと月ごとに分けると6部の増紙ペースになる。それを前提に、月ごとに均等に増紙部数を割り振る。増紙のペースは、次のようになる。

1月：1006部

佐賀新聞の「押し紙」裁判で勝訴した江上武幸弁護士と原告の寺崎昭博氏。

2月：1012部
3月：1018部
4月：1026部
5月：1032部
6月：1038部
7月：1044部
8月：1050部
9月：1056部
10月：1062部
11月：1068部
12月：1072部

実配部数の増減とはかかわりなく、各月の到達目標部数が販売店に搬入される。佐賀新聞は、このようなパターンで、新聞の買い取りを強制していた。

佐賀新聞が一斉減紙を実施した事実も、寺崎氏の勝因である。判決は、86店ある佐賀新聞の販売店の大半で同じ被害が発生している高い可能性を指摘した上で、「被告の原告に対する新聞の供給行為には、独禁法違反（押し紙）があったと認められる」と明確に認定した。

◇読売に対する3件の裁判

２０２０年から21年にかけて読売新聞を被告とする3件の「押し紙」裁判が起こされた。わたしが原告らを取材したところ、佐賀新聞の「押し紙」裁判で、独禁法違反が認定されたことが、提訴の引金となったことが分かった。

裁判を起こしたのは、それぞれ東京本社、大阪本社、西部本社に所属する販売店の元店主たちである。

このうちわたしは2件の裁判を密着取材した。大阪本社が管轄する広島県のＹＣ（読売新聞販売店）の例と西部本社が管轄する長崎県のＹＣの例である。これらの裁判でも、原告弁護団（江上武幸弁護士）は、佐賀新聞の「押し紙」裁判と同じ戦術を取った。つまり独禁法の新聞特殊指定における「押し紙」の定義を主張の根底に据えたのである（2件の裁判は、現在も係争中）。

これら2件の「押し紙」問題に共通しているのは、搬入部数が「ロック」されていた事実である。ロックとは「注文部数」（搬入部数）を固定することだ。

たとえばYC早岐中央（長崎県）のケースでは、訴状によると2011年3月から2016年2月までの5年間にわたって、読売新聞は搬入部数を3132部にロックした。読者の増減とはまったく無関係に「注文部数」を固定したのである。5年間にわたり注文部数がまったく増減しないのは、きわめて不自然だと読者も感じないだろうか。

その後、2016年3月から2017年3月までの13カ月の間、今度は2932部でロックした。さらに2017年4月から2019年1月までの1年10カ月の間は1500部でロックした。

残紙率は、開業時は11％程度だったが、廃業時には26％程度になっていた。

あらためて言うまでもなく、配達先がない新聞は残紙となっていた。その結果、元店主は約10年間で約1億2500万円の損害を受けたとして提訴に踏み切ったのである。

原告の元店主によると、取引先の銀行も「押し紙」制度を疑問視していたという。2020年の夏に、融資交渉の中で元店主は、銀行の担当者と次のような会話を交わしたという。

「まず、読売と交渉して、過剰な新聞の仕入れをやめるようにしてください」

銀行の担当者は、実配部数と「注文部数」の間に著しい乖離があることに納得がいかない様子だったという。販売店の経営を圧迫する無駄な部数は仕入れる必要がないというのが、銀行の考えだった。

「定数（注：「注文部数」）は販売店の側では減らせません」

「どうしてですか。無駄なものをわざわざ仕入れる必要はないでしょう」

「減らせない制度なんです」

「じゃあ、残った新聞はどうされていますか」

「廃棄しています」

「そんなことをしなくても、『注文部数』を減らせば、業績は改善するでしょう」

担当員は、本当に事情が理解できない様子だったという。新聞の商取引は、普通の商取引とは異なる。「注文部数」を新聞社が決めるのである。このような制度は他の業種ではあり得ない。銀行の担当者は、

「定数が同じというのもおかしくありませんか」

と、「ロック」の異常さを指摘した。

「読者が激減して、売上も下がっているのに、仕入部数だけは変わらないというのはどういうことなんでしょうか」

元店主の顧問税理士も銀行と同じ疑問を呈していたという。残紙を無くせば、販売店経営を立て直すことができるのに、それができない現実を不思議がっていた。

さらにコンビニを経営している元店主の妻も、販売予定のない商品を搬入する商慣行に疑問を呈していた。元店主に対して、「そんな商売（注：販売店経営）は早く止めるべきだ」と忠告していた

という。

かつてコンビニ業界でも、弁当などの仕入れにノルマを課す慣行が問題になったことがあるが、現在では公正取引委員会の指導などで解決している。

◇減部数を申し入れるも拒否

ＹＣ大門駅前（広島県）の訴訟ケースでも、部数のロックを確認することができる。「注文部数」、あるいは搬入部数が固定されている。

元店主が提訴時に請求対象とした２０１７年1月から２０１８年6月までの18カ月の期間における部数内訳は、次頁の表の通りである。読売は「注文部数」（搬入部数）を２２８０部で固定していた。残紙率は、廃業時で49％である。

原告の元店主は「注文部数」を減らすように繰り返し交渉していたと話している。元店主が保存しているスマホのショートメールが、その証拠として残っている。たとえば廃業の約2カ月前に、読売新聞の担当員と次のような交信を行っている。

店主が新聞の「注文部数」を整理するように申し入れたところ、担当員からショートメールが送信されてきた。

年月	搬入部数	実配部数	残紙	残紙率
2017年1月	2,280	1,379	901	40%
2月	2,280	1,328	952	42%
3月	2,280	1,313	967	42%
4月	2,280	1,287	993	44%
5月	2,280	1,282	998	44%
6月	2,280	1,279	1,001	44%
7月	2,280	1,260	1,020	45%
8月	2,280	1,262	1,018	45%
9月	2,280	1,257	1,023	45%
10月	2,280	1,251	1,029	45%
11月	2,280	1,253	1,027	45%
12月	2,280	1,252	1,028	45%
2018年1月	2,280	1,254	1,026	45%
2月	2,280	1,221	1,059	46%
3月	2,280	1,211	1,069	47%
4月	2,280	1,189	1,091	48%
5月	2,280	1,182	1,098	48%
6月	2,280	1,170	1,110	49%

YC大門駅前の残紙の実態。搬入部数（定数）が2280部で固定されていた。

担当員：元気やな！いきなり整理できないので、次回の訪店で話しましょ！お互いの妥協策をかんがえましょう。俺をとばしたいなら、そうしますか。（4月3日　9時54分）

さらに担当員は、次々とショートメールを送信した。

担当員：書面（注：部数を減らすことの承認を求める社内の書面）出したら、昨日言った通り、全て担当員のせいになります。俺の管理能力が問われるから、部長ではなく、俺が全て責任とらされます。サヨナラ～（4月3日　10時1分）

担当員：○○ちゃん（注：店主の愛称）は元気やな！羨ましいな！俺も少し若ければ徹底的に戦ったかもな。もうおっさん担当はあかんで。（4月3日　10時11分）

担当員：俺をバックアップしてくれる気持ちがあるなら、何か妥協策を考えないかい？逃げてるんではなくて、ほんまに体調悪いんで次回訪店で話しょ《ママ》。考えさせて。（4月3日　10時14分）

その後も、元店主は、「注文部数」を減らすように求めたようだ。次のような通信記録が残っている。店主からの発信と、それに対する担当員の返答である。

店主：溝口社長に話聞いてもらわないと解決しないでしょう。このままでは。（4月12日　19時44分）

担当員：社長にそれをすると、俺が飛ぶって！とばしたかったらやってくれ！（4月12日　20時20分）

店主：紙の整理どうします？（4月13日　12時29分）

「紙の整理」とは、残紙の整理のことである。元店主ははっきりと新聞の「注文部数」を減らすように求めているが、担当員は応じていない。結局、読売新聞社が、「注文部数」を減らすことはなかった。依然として従来からの２２８０部を搬入し続けた。その結果、店主は自主廃業に追い込まれたのである。

読売新聞の残紙は相対的に多い。ここで取り上げた2店の廃業時における残紙率は、ＹＣ早岐が

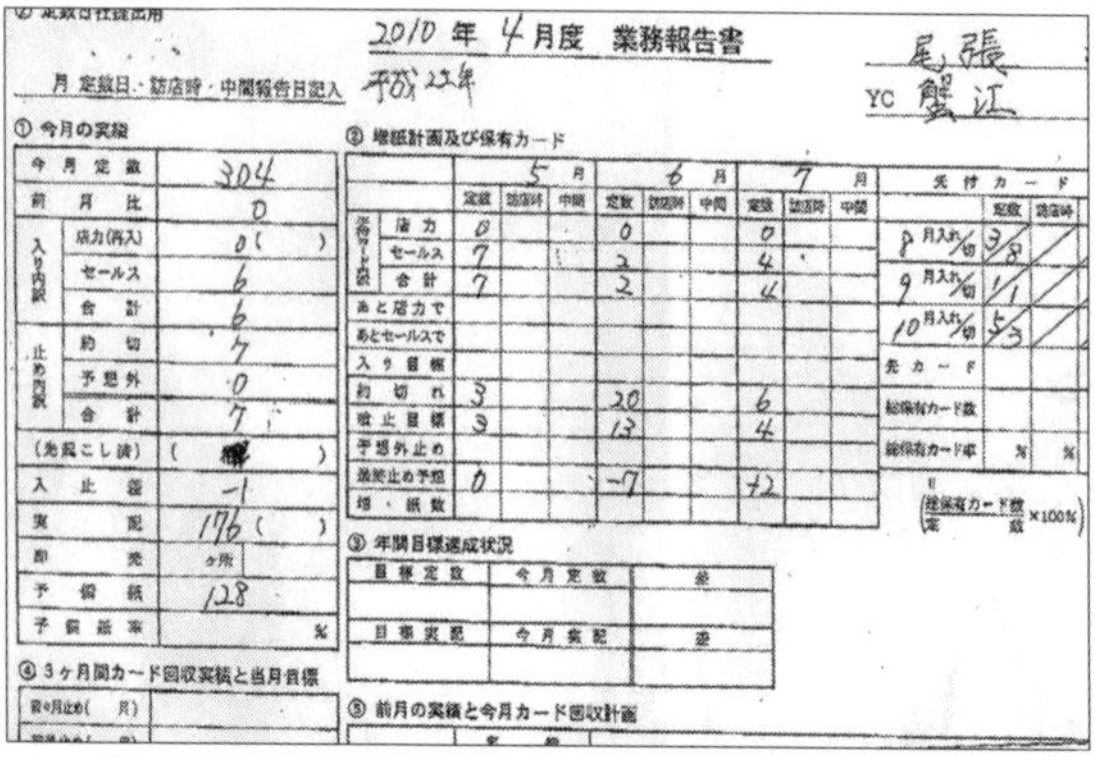

YC蟹江の業務報告書。「今月定数」は、新聞の搬入部数を示す。
実配は、実際に配達していた部数（実配部数）を意味している。

26%でYC大門駅前が49%だった。さらにわたしが入手している読売新聞に関連した資料からも、高い残紙率が確認できる。たとえばYC若葉東（埼玉県）の残紙率は、廃業時の2019年7月の時点で17%だった。YC中神（東京都）の残紙率は、廃業時の2019年8月の時点で36%だった。YC立川北部（東京都）の残紙率は、廃業時の2019年8月の時点で33%だった（出典：いずれも訴状）。

　時代を10年以上さかのぼっても、高い残紙率が確認できる。たとえばYC久留米文化センター前（福岡県）は、2007年10月ごろの時点で約50%だった。店主が江上武幸弁護士に相談して、その実態が発覚した。この店主と一緒に相談した2人の店主からも内部資料の提供があった。それによるとYC大牟田明治（福岡県）とYC大牟田中央（福岡県）の同時期の残紙率も、おおむね35%から38%だった。またわたしが入手したYC蟹江（愛知県）の残紙率は、2010年4月の時点で42%だった。

こんなふうに見ていくと読売新聞の部数は、かなり水増しされている可能性が高い。たとえ残紙の中身が旧来の定義で言う「積み紙」であろうと、大量の紙が廃棄されており、広告主に被害を与えている可能性があるのだ。

◇西日本新聞の「4・10増減」

裁判を通じて浮かび上がった「押し紙」の実態の中には、「4・10増減」（よんじゅうぞうげん）と呼ばれる手口が問題になったケースもある。「4・10増減」とは、新聞社が4月と10月に重点を置いて搬入部数を増やす販売政策のことである。こうした販売政策を取る理由は単純で、これらの月のABC部数が広告営業（紙面広告と折込媒体）のための公式部数として公認されるからだ。それゆえに4月と10月に搬入部数をかさ上げする。そして、販売店の負担を減らすために5月と11月に減部数する。経営が破綻すれば、販売網が崩れるからだ。

4月のABC部数は、6月から11月の広告営業に使われ、10月のABC部数は12月から翌年5月までの広告営業に使われるのが慣行だ。

「4・10増減」の具体例を紹介しよう。

西日本新聞エリアセンター－AC佐々（長崎県）を経営していた下条松治郎氏は2021年、西日本新聞に対して約3050万円の損害賠償を求める「押し紙」裁判を起こした。裁判の中で、「4・10増減」の実態が浮上した。

この裁判の原告代理人を務めているのも、江上武幸弁護士らの弁護団である。当然、「押し紙」の定義については、新聞特殊指定における定義を提示している。「実配部数＋予備紙」を注文部数と捉え、それを超える部数は、理由のいかんを問わず原則的に「押し紙」とする立場である。そのうえで、新聞社による「押し売り」などの不法行為や公序良俗違反を追及している。

次に引用するのは、下条氏の販売店における2017年3月、4月、5月の搬入部数である。部数の増減に着目してほしい。

2017年3月：1115部
2017年4月：1315部
2017年5月：1116部

西日本新聞社は4月に「押し紙」を増やし、5月にそれを減部数している。さらに次に示すように、同年9月から11月にかけても、同じパターンが見られる。10月に「注文部数」を増やし、11月に減部数する。

2017年9月：946部
2017年10月：1316部

２０１７年11月：１１１６部

このように西日本新聞社は、４月と10月に「押し紙」を増やし、11月に部数を減らす販売政策を採用していたのである。

ただ、かさ上げされた部数が旧来の定義で言う「積み紙」だった場合は、「４・10増減」により販売店の折込収入も増えるが、下条氏の販売店に関しては「積み紙」の状態にはなっていなかった。折込媒体の受注枚数が新聞の搬入部数よりもはるかに少なかった。

わたしはその原因を、現地を取材してみて確認することができた。下条氏の販売店の配達エリアは佐世保市の都心から離れていて、しかも広域に及ぶので、広告主のうち飲食店やスーパーマーケットなどは、自店の近隣地区だけをＰＲ戦略のターゲットにして、他の地区はＰＲの対象外とする。そのために広告主が自主的に折込広告の発注枚数を、折込定数よりもはるかに低く設定して、配達地区を指定する。その結果、「積み紙」とは、ほど遠い状態が生じていた。

次頁の表は、西日本新聞エリアセンターＡＣ佐々における部数内訳である。「４・10増減」が確認できる。

◇全国レベルでも「4・10増減」は確認できる

新聞が急激な衰退期に入っている現在では、さすがに「4・10増減」の対象になる販売店はほとんどないが、数年前までは当たり前に観察できた。「4・10増減」という用語が生まれた背景も、

年・月	送り部数	実配数 戸別配達部数+即売部数	必要部数 実配数×1.02	押し紙部数 送り部数－必要部数	押し紙率 押し紙部数/送り部数
2016年5月	1,114	991	1,011	103	9.25%
6月	1,115	994	1,014	101	9.06%
7月	1,165	987	1,007	158	13.56%
8月	1,165	983	1,003	162	13.91%
9月	1,165	983	1,003	162	13.91%
10月	**1,366**	987	1,007	**359**	**26.28%**
11月	1,116	986	1,006	110	9.86%
12月	1,116	991	1,011	105	9.41%
2017年1月	1,116	980	1,000	116	10.39%
2月	1,115	975	995	120	10.76%
3月	1,115	973	993	122	10.94%
4月	**1,315**	965	985	**330**	**25.10%**
5月	1,116	958	978	138	12.37%
6月	1,116	951	971	145	12.99%
7月	1,116	942	961	155	13.89%
8月	1,116	933	952	164	14.70%
9月	946	925	944	2	0.21%
10月	**1,316**	921	940	**376**	**28.57%**
11月	1,116	917	936	180	16.13%
12月	1,117	931	950	167	14.95%
2018年1月	1,117	925	944	173	15.49%
2月	1,117	921	940	177	15.85%
3月	1,117	921	940	177	15.85%
4月	**1,317**	912	931	**386**	**29.31%**
5月	1,118	915	934	184	16.46%
6月	1,118	909	928	190	16.99%
7月	1,119	905	924	195	17.43%
8月	1,119	904	923	196	17.52%
9月	1,119	903	922	197	17.61%
10月	**1,317**	902	921	**396**	**30.07%**
11月	1,119	896	914	205	18.32%
12月	1,119	903	922	197	17.61%
2019年1月	1,119	897	915	204	18.23%
2月	1,119	896	914	205	18.32%
3月	1,119	887	905	214	19.12%
4月	**1,317**	872	890	**427**	**32.42%**
5月	1,119	860	878	241	21.54%

太字にした月を頂点として、前月と後月の数値が低くなっている。「4・10増減」の特徴である。

販売店の間でそれが問題になっていたからにほかならない。

10月の増部数については、新聞社のボーナスの財源を確保するのが目的だという声も、販売店サイドにあった。その真相は分からないが、そのような憶測が飛び交うこと自体、「４・10増減」に対する反発が強かったことを物語っている。

新聞は単価こそ安いが、販売部数が多いので大きな利益を生む。新聞１部の卸価格が１５００円（月額）とすれば、１万部の部数増で１５００万円の収入増になる。

年・月別	朝日新聞	産経新聞	毎日新聞	読売新聞
2004年3月	8,186,970	2,079,611	3,918,379	10,022,118
4月	**8,242,782**	**2,102,989**	**3,973,928**	10,048,898
5月	8,214,629	2,091,963	3,901,748	10,060,371
9月	8,162,155	2,099,038	3,902,672	10,080,148
10月	**8,356,964**	**2,131,235**	**3,963,946**	10,103,135
11月	8,238,567	2,113,605	3,909,222	10,135,608
2005年3月	8,156,009	2,118,866	3,909,994	10,036,206
4月	**8,225,971**	**2,138,167**	**3,959,850**	**10,044,269**
5月	8,171,836	2,127,867	3,910,359	10,043,263
9月	8,086,476	2,126,984	3,915,009	9,994,908
10月	8,188,928	**2,158,135**	**3,968,652**	10,002,221
11月	8,120,253	2,141,515	3,914,124	10,016,593
2006年3月	8,047,685	2,147,770	3,931,864	9,997,098
4月	**8,101,456**	**2,152,906**	**3,981,905**	10,001,202
5月	8,051,642	2,148,997	3,932,186	10,007,620
9月	8,024,858	2,148,792	3,931,432	9,984,749
10月	**8,138,754**	**2,169,507**	**3,997,230**	9,994,568
11月	8,041,770	2,164,724	3,940,370	10,006,899
2007年3月	8,006,111	2,164,119	3,942,782	9,983,424
4月	8,089,774	**2,174,775**	**3,987,529**	**9,986,434**
5月	8,012,030	2,168,321	3,931,393	9,971,942
9月	7,996,052	2,166,703	3,887,387	9,968,427
10月	**8,100,664**	**2,200,382**	**3,939,185**	9,973,898
11月	8,000,860	2,167,807	3,881,107	9,987,580
2008年3月	7,987,950	2,158,855	3,850,618	9,953,285
4月	**8,028,508**	**2,192,227**	**3,885,592**	9,958,831
5月	7,997,027	2,169,730	3,830,975	9,960,782
9月	8,005,204	2,123,614	3,813,633	9,942,536
10月	**8,014,107**	**2,138,540**	**3,852,766**	9,948,276
11月	8,004,208	2,061,694	3,804,076	9,963,934

グレーの部分では、「4・10 増減」が観測できる。３月から４月にかけて部数が増え、４月から５月にかけて部数が減る。また、９月から 10 月にかけて部数が増え、10 月から 11 月にかけて部数が減る。

前頁の表は、朝日新聞、読売新聞、毎日新聞、産経新聞を対象に、「3・4・5月」と「9・10・11月」の部数変化を調べた結果である。期間は、2004年から2008年。全国規模で調査しても、「4・10増減」の傾向（表のグレーの部分）が確認できる。

第4章　広域における残紙の量

この章では、特定の広域地区にどの程度の残紙があるのかを紹介しよう。チラシなど折込媒体の水増し行為という観点から言えば、残紙の中身が旧来の定義で言う「押し紙」であろうが、「積み紙」であろうが、不正な商取引の温床といえるので、その実態を把握しておく必要がある。

「押し紙」の量は時代によっても新聞社の系統によっても異なる。あるいは販売店により、地域により差がある。

◇日販協の調査、残紙率は全国平均で8・3％

日本で最初に広域にわたる残紙の実態が明らかになったのは1977年だった。この年、新聞販

段ボールに「押し紙」と折込広告を梱包して販売店から搬出し、トラックに積み込む光景。事情を知らない人は、段ボールの中身を知らない。

売店の同業組合である日販協（日本新聞販売協会）が全国の新聞販売店を対象に、アンケート形式による残紙調査を実施した。

それによると販売店1店あたりの残紙率は全国平均で8・3%だった。最も残紙率が高かったのは近畿地区の11・8%、続いて中国・四国地区の11・1%、さらに関東地区の10%だった。都市部の方が地方よりも相対的に高い傾向が見られた。

最近のすさまじい残紙の実態を知っているわたしは、残紙率が10%程度であれば正常に近い数値のような錯覚を受けてしまう。

しかし当時は、8・3%でも見過ごせない数字だったようだ。実際、この調査結果を受けて日販協は、在京の新聞各社に要望を申し入れた。

要望書の中で日販協の幹部は、「この調査からの推計によれば、年間17・9万トン、207億円に相当する新聞用紙を無駄に消費し、これを新聞店に押しつけ、さらに莫大な拡材費（拡販に使う景品類の経費）をかけて、ほんの一部の浮動読者の奪い合いを演じている実態を見るとき、ひとり一社の損益計算に止まらず、わが国の新聞産業全体の大局から見ても、その利害得失は果たしてどうであるのか、経営責任者である貴台には十分おわかりのことと存じます」（『日販協月報』、1977年12月30日）と述べている。

日販協は、調査で明らかになった残紙は「積み紙」ではなく、「押し紙」という認識だった。それゆえに新聞社に対して要望を申し入れたのである。たとえ残紙の性質が「押し紙」か「積み紙」かという点を見極めなくても、独禁法の新聞特殊指定の下では、「実配部数＋予備紙」を超える部数は、理由のいかんを問わず「押し紙」である。そして予備紙の率は、搬入部数の2％である。

◇北國新聞による残紙の一斉増紙

日販協による残紙調査の後、広域における残紙の実態を示す裏付け資料は、20年にわたり発掘されることがなかった。個々の販売店で「押し紙」問題が浮上して、それが国会質問で取り上げられたことはあるが、広域における正確な残紙の実態は闇の中だった。

その背景には、日本経済が相対的に好調で折込媒体の需要が高く、残紙の性質が旧来の定義で言う「積み紙」になっていたというのがわたしの推論である。

1997年12月になって、公正取引委員会（公取委）は北國新聞に対して「押し紙」の排除勧告を発令した。

公取委が交付した「株式会社北國新聞社に対する勧告について」と題する文書によると、北國新聞は朝刊の総部数を30万部にかさ上げするために、増紙計画を作成して新たに3万部を増紙した。その3万部の新聞を新聞販売店に強制的に割り当て、買い取らせたという。夕刊についても、同じ手口で搬入部数を増やしたというのである。

増紙計画により発生した「押し紙」部数は表向きには3万部（残紙率10％）であるが、仮に北國新聞がそれ以前から「押し紙」政策を採っていたとすれば、「押し紙」部数も「押し紙」率もこれよりも高くなる。もともと「押し紙」が存在したところに、「押し紙」を上乗せした構図になる（この事件については、第9章で再度言及する）。

ちなみに公取委がこの排除勧告を発令する約半年前に、北國新聞の販売店主5名が総額で約2億1300万円の賠償を求める「押し紙」裁判を起こしている。請求額は1店に換算すると4260万円。この事実から察すると、北國新聞は、新たに3万部の増紙を行う前から、「押し紙」政策を実施してきた可能性が高い。

この裁判は和解で決着した。和解内容は北國新聞が店主らに解決金を支払うことを除いて公表されていない。しかし、新聞社が解決金を支払った事実は、裁判所が残紙は「押し売り」による結果と判断したことを意味する。

	97/10月			02/10月		
	総店数	店扱い部数	発　証	総店数	店扱い部数	発　証
東　京	2,253	1,587,290	1,137,371	2,262	1,606,840	1,054,392
大　阪	1,844	1,425,876	969,410	1,822	1,436,634	864,356
西　部	1,303	673,490	481,925	1,280	663,826	429,715
中　部	659	184,177	123,969	669	173,272	105,186
北海道	471	68,972	59,827	424	73,072	55,490
全　社	6,530	3,939,805	2,772,502	6,457	3,953,644	2,509,139

毎日新聞の内部資料「朝刊　発証数の推移」。全国の統計を集計した箇所。「店扱い部数」は新聞の搬入部数の合計を示している。「発証」数は、読者に対して発行された領収書の枚数を意味し、おおむね実配部数に等しい。

◇毎日新聞「朝刊　発証数の推移」

２００４年、毎日新聞東京本社の社長室から「朝刊　発証数の推移」と題する内部資料が外部へ漏れた。この資料をわたしは、『財界展望』や「マイニュースジャパン」など多くのメディアで紹介した。新聞関連の自著でも、繰り返し取り上げた。中央紙の残紙の実態が全国規模で明らかにされたのは初めてだった。

毎日新聞社は、これが自社の内部資料であることを否定しているが、流出元が社長室勤務の記者であったことも、わたしの手に入るまでのルートもはっきりしている。

この資料によると、２００２年10月の段階で、全国の新聞販売店に搬入されていた毎日新聞の総部数は約３９５万部だった。

これに対して、発証数（購読料を集金する際に読者に対して発行される領収書の枚数）は、約２５１万部だった。差異の１４４万部が残紙と考えられる。残紙率にすると、36％である。

２００２年10月のデータであるから、新聞社経営の状況は現在とは比較できない要素もあるが、「押し紙」から不正な販売収入と折込媒体の手数料を生み出す構図はなにも変わっていない。

試みに「朝刊　発証数の推移」を基に、残紙による不正な販売収入を試算してみよう。誇張を避けるために、残紙の144部の全部が「朝刊単体」と仮定して試算する。

毎日新聞の場合、朝刊単体の購読料は3007円（当時）だった。新聞の卸代金は社によって異なるが、ほぼ購読料の2分の1である。そこで試算に採用する卸代金を、仮に1500円に設定する。

新聞1部につき1500円（月額）の卸代金を144万部に対して徴収した場合の試算は、次の計算式で示される。

1500円×144万部＝21億6000万円（月間）

これに12カ月をかけると、残紙による年間販売収入が算出できる。次の計算式である。

21億6000万円×12カ月＝259億2000万円

残紙により年間で、少なくとも259億2000万円の不正な販売収益を上げていた試算になる。

販売店が負担するこの金銭は、折込媒体の水増し収入と補助金である程度は相殺されていたと推測

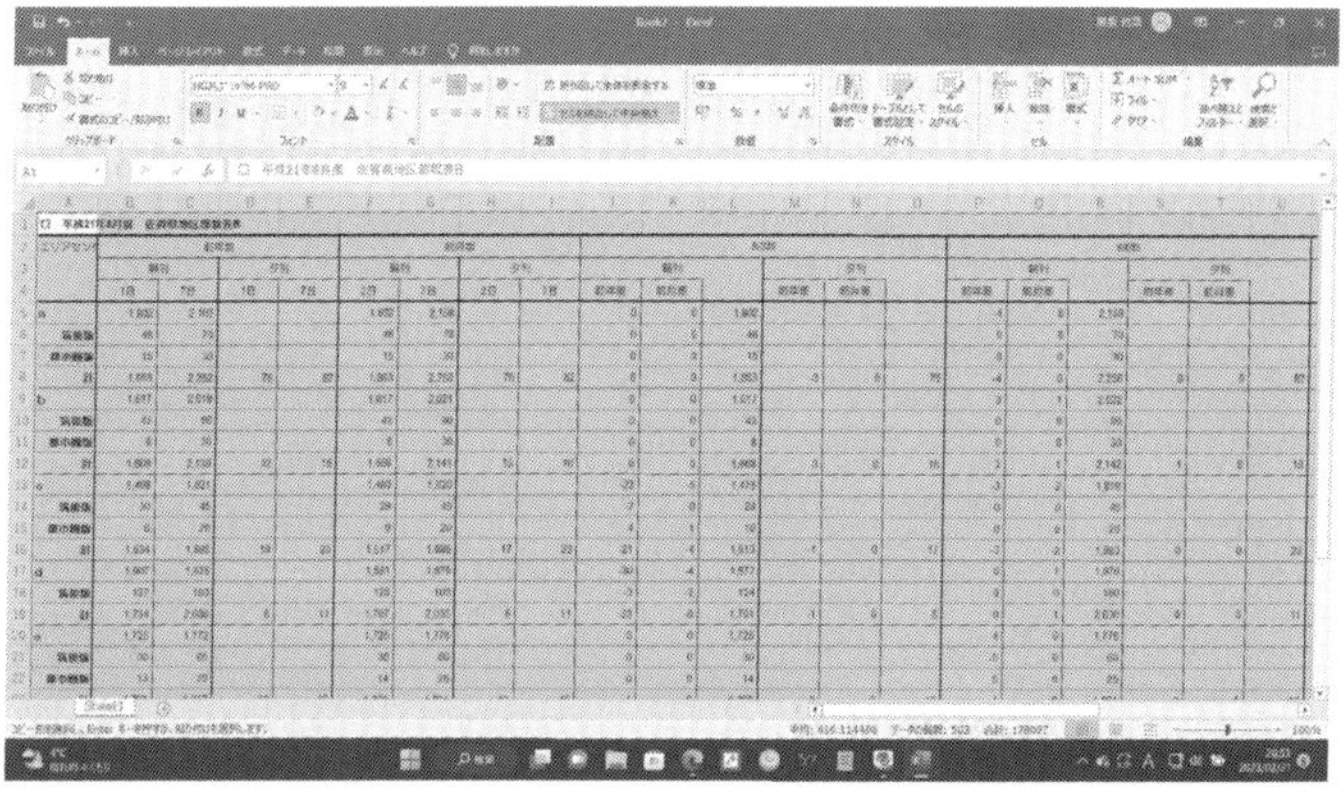

販売店主から著者のところに提供された西日本新聞の内部資料のイメージ写真。新聞の搬入部数と発証部数が確認できる。

できる。残紙を媒体として、水面下で莫大な金額が動いているのだ。

なお繰り返しになるが、この試算は、毎日新聞の全部数が朝刊単体と仮定した上のものである。実際には、「朝夕刊セット版」がかなりの割合を占めているので、不透明な販売収入と折込手数料の額はさらに増える。

◇西日本新聞の残紙

地方紙の「押し紙」にも言及しておこう。上表は、2009年8月における西日本新聞の佐賀県内における販売店ごとの搬入部数と残紙部数を示した資料の外観である。県全体で見ると、搬入部数の総数は6万120部で、実配部数は5万1111部だった。残紙部数は、1万9部で残紙率は約17%である。

この数値の出典は、「平成21年8月度　佐賀県地区部数表B」と題する内部資料である。ある販売店主が

表－7	本紙発証率				本紙粗利益率			
セット	14年	13年	09年	04年	14年	13年	09年	04年
セット平均	71.0%	72.8%	81.2%	88.1%	12.9%	15.2%	23.5%	29.4%
都内下町	69.7%	73.8%	83.5%	92.3%	13.2%	18.1%	27.1%	33.8%
都内山手	72.0%	73.2%	84.1%	92.5%	16.0%	17.3%	28.1%	33.7%
首都圏神多	73.9%	76.5%	89.0%	95.6%	18.5%	21.2%	30.5%	36.5%
首都圏千埼	72.5%	75.7%	84.7%	95.0%	15.5%	19.1%	27.7%	35.4%
大阪市府	62.6%	65.9%	73.7%	77.1%	3.8%	8.3%	16.6%	20.2%
近畿セット	69.6%	72.6%	72.8%	80.0%	12.7%	16.2%	15.5%	23.3%
西部セット	67.9%	70.5%	70.4%	80.1%	7.2%	10.6%	10.6%	20.5%
名古屋セット	70.9%	70.0%	75.9%	87.2%	3.9%	2.9%	11.3%	22.6%
北海道セット	71.7%	66.0%	84.7%	92.9%	10.7%	2.9%	25.3%	32.0%

朝日新聞の内部資料「2014年度ASA経営実態調査報告」。セット版（朝刊・夕刊のセット）の発証数と粗利益率を示している。

わたしに提供してくれたものである。

地方紙で広域における残紙の実態が外部に漏れたのは、このケースが初めてである。

◇2014年度ASA経営実態調査報告

２０１５年にわたしは、朝日新聞の広域における残紙の実態を示す資料を入手した。「２０１４年度ＡＳＡ経営実態調査報告」というタイトルの朝日新聞の内部資料である。この資料は週刊誌などのメディアにも内部告発者によって送付された。一部の新聞販売店にも送り付けられた。

わたしは資料の信憑性について、複数の新聞販売店に確認したが、販売局の社員で、「押し紙」政策に反対している社員らが流出させたものだとの見方で共通していた。ただ、朝日新聞の広報部は「お尋ねの件につきましては、お答えを差し控えさせていただきます」と回答するにとどまっている。

この資料は、全国の朝日新聞販売店から２６０店を抽出し

表―8 統合	本紙発証率				本紙粗利益率			
	14年	13年	09年	04年	14年	13年	09年	04年
統合平均	75.4%	76.6%	79.5%	87.8%	18.0%	19.2%	22.7%	29.5%
首都圏統合	72.7%	75.2%	84.8%	92.8%	14.0%	17.1%	26.6%	30.4%
東京統合	76.3%	77.5%	77.9%	89.9%	19.0%	20.1%	21.8%	31.9%
近畿統合	70.9%	75.6%	80.0%	82.3%	12.9%	18.3%	23.1%	25.2%
大阪統合	76.7%	74.4%	73.0%	82.3%	19.7%	17.4%	15.9%	25.3%
瀬戸内	81.5%	81.3%	85.4%	88.1%	24.5%	24.4%	28.1%	30.4%
西部統合	71.6%	74.1%	73.5%	84.6%	13.4%	16.4%	16.0%	27.3%
北海道統合	78.5%	79.1%	81.5%	94.7%	21.1%	22.2%	24.8%	34.6%

朝日新聞の内部資料「2014年度ASA経営実態調査報告」。統合版（朝刊のみ）の発証数と祖利益率を示している。

て、朝日新聞の担当者が店主に面談するかたちで販売店の経営実態を調査して作成したものだ。

「発証」とは、繰り返しになるが、領収書を発行することである。つまり販売店が読者に対して発行した領収書の枚数が「発証数」。そして搬入部数のうち、「発証」対象となった部数の割合が「発証率」である。したがって、100％から発証率を引いた数値が残紙率である。

前頁の表は「セット版」の数字を示している。「セット版」というのは、「朝・夕刊セット」の購読形態を意味する。また、上の表は「統合版」の数字を示している。「統合版」というのは、朝刊だけの購読形態を意味している。

残紙率は、2014年度の場合、セット版で29％、統合版で25％である。なお、粗利益とは売上額から原価を差し引いた利益のことである。

［表1］大阪府北摂第3支部の店別「押し紙」

店名	7月定数	実配数
A店	1450	1176
B店	2465	1870
C店	3398	1943
D店	3905	3327
E店	3225	2541
F店	2553	2224
G店	1402	990
H店	2745	3255
I店	2389	
J店	2997	2549
K店	3067	2510
L店	3309	2039
M店	1240	1044
N店	962	
O店	1343	1152
P店	1420	1162
Q店	2813	2745
R店	947	
S店	2467	2234
T店	1472	
U店	3330	2674
合計	4万8899	3万5435

※「定数」とは、搬入される新聞部数の意味。
※「実配数」は、実際に搬入された新聞の部数。

大阪府の「北摂第３支部」と呼ばれる地区（寝屋川市、門真市、池田市など）における産経新聞販売店の「押し紙」の実態。（初出：『週刊金曜日』）

◇広域における産経新聞の残紙

産経新聞も広域における残紙の実態を自社で把握している。右の表は、「平成28年（注：２０１６年）7月度、カード計画表」と題する産経新聞の内部資料を基に、わたしが作成したものである。大阪府の寝屋川市、門真市、池田市などで構成される「北摂第3支部」と呼ばれる区域にある各販売店における新聞の搬入部数（定数）と実配部数を示したものである。店名は、A、B、C……で示した。

この資料によると、産経新聞が7月に「北摂第3支部」の販売店に搬入した新聞の総部数は、４万８８９９部だった。このうち実配部数は３万５４３５部だった。両者の差異にあたる１万３４６４部が残紙である。残紙率にすると約28％である。

不可解なのは、搬入部数は記録されているが実配部数がゼロの販売店が4店もあることだ。I店、N店、R店、T店である。産経新聞に事情を問い合わせてみたが回答はなかった。

この資料の作成時に、オペレーターがデータの入力を怠ったか、それともI店、N店、R店、T店が架空で、そこへ産経新聞が新聞を搬入したことにして、ABC部数をかさ上げしたかのどちらかだと推測される。

ちなみにこの資料は、販売店を訪問した産経新聞の担当員が、店舗に忘れたものである。「押し紙」に苦しむこの販売店の店主が、わたしにこの資料を提供してくれたものだ。

以上のデータをまとめると、「押し紙」は少なくとも1970年代から新聞社が導入してきた普遍的な販売政策であるといえる。しかも、近年は相対的に残紙率が上昇傾向にある。

日本新聞協会のデータによると、2022年10月時点での全国の朝刊単独発行部数は2440万部である。このうちの20％が残紙とすれば、488万部が配達されることなく無駄に廃棄されていることになる。30％が残紙とすれば、732万部が廃棄されていることになる。1日の廃棄量がこの規模であるから、ひと月にすれば、おおよそ1億4640万部から、2億1960万部が廃棄されていると推測される。年間にすると天文学的な数字になることが容易に理解されるだろう。「押し紙」は重大な環境問題でもあるのだ。

ただ、少数だが「押し紙」政策を採用していない新聞社があることも事実である。たとえば熊本日日新聞社の場合、予備紙を搬入部数の1・5％に設定している。この件に関しては、第5章であらためて言及する。

新聞社は経営戦略の観点から、残紙の実態を正確に把握しておく必要がある。というのも新聞社経営が戸別配達制度に依存しているので、販売店の経営悪化で販売網が崩壊すると、その影響が自分たちを直撃するからだ。本書で紹介した毎日新聞、朝日新聞、産経新聞、西日本新聞だけではなく、他の新聞社も自社の残紙の実態を把握している可能性が高い。

当然、新聞社の社員は、自分たちが受け取っている販売収入の中に「押し紙」の卸代金が含まれていることを把握している。「押し紙」に連動して、チラシなど折込媒体から不正な収入が発生していることも認識している。しかし、それが新聞社のビジネスモデルであるから、どうすることもできない。

第5章　定数主義と地域単位の部数コントロール

定数主義とは、販売店に搬入する新聞の定数（注文部数）を新聞社が販売店に指示する販売政策のことである。その結果、部数が長期にわたって同じ部数でロック状態に陥ることもある。

繰り返しになるが、普通の商取引では商品を仕入れる側が注文数量を決めるが、新聞の商取引では、新聞社の側がそれを決める。にわかには信じがたい商慣行だが、これは紛れもない事実であり、「押し紙」問題の核心部分である。

ただ、新聞社が「注文部数」を決めるといっても、帳簿上では販売店がそれを決めたことになっている。たとえ新聞社から指示された「注文部数」であっても、帳簿の作成者が販売店なので、外形的には販売店が「注文部数」を決めた形をとるのだ。

定数主義によりどの程度のロック現象が起きているのかを検証するために、わたしは兵庫県全域をモデルとした調査を実施した。兵庫県を選んだのは、同県が地域性に富んでいるからだ。神戸市などの大都市から、日本海沿岸の漁村まで多様な自治体がある。兵庫県を舞台に、中央紙から地方紙までが、一定の勢力を維持して新聞拡販競争を展開している。

調査で明らかにする点は、各自治体における中央紙5紙（朝日、読売、毎日、産経、日経）と地方紙（神戸）の部数の変遷である。それを時系列で調べることで、新聞の部数が地域単位でロックされているケースがあるかどうかを確認することができる。

たとえば神戸市灘区における読売新聞のABC部数を、時系列に並び替えてみると、次の実態が確認できた。

2017年4月：1万1368部
2017年10月：1万1368部
2018年4月：1万1368部
2018年10月：1万1368部
2019年4月：1万1368部
2019年10月：1万1368部

3年にわたってABC部数の増減は確認できない。これが地域単位で部数がロックされている状態である。灘区にあるすべての読売新聞販売店で、ロックを行った結果、灘区全体でもロックが確認されたと考え得る。「注文部数」を新聞社サイドが決めた可能性が高い。

この調査では「押し紙」の規模までは特定できないが、ロックの実態を確認することで、新聞社が「押し紙」政策を採用している高い可能性を確認することができる。

次に示すのは、やはり神戸市灘区における朝日新聞のABC部数の変遷である。ABC部数を時系列に並び替えると次の数字が並ぶ。

２０１７年４月：７４００部
２０１７年10月：７４００部
２０１８年４月：７１００部
２０１８年10月：７１００部
２０１９年４月：６２５０部
２０１９年10月：６１６０部

このケースでは朝日新聞が、２０１７年度には７４００部で部数をロックし、２０１８年度には、新たに７１００部でロックしたことが確認できる。ロックの部数を減らしたのは、新聞社が販売店の経営状態の悪化を考慮して、「押し紙」の負担を減らした結果である可能性が高い。2019年度の4月から10月にかけては、ロックが観察できない。

なお、わたしがこのような調査方法を思いついたのは、第3章で紹介したように、個々の販売店の「注文部数」がロックされている場合があるのを知ったことによる。新聞社による「押し紙」政策が徹底されていれば、同じ地域にある同系列の販売店で等しくロックが行われ、その結果、地域全体の部数もロック状態になっているのではないかと推察した結果だ。そこで地域単位でABC部数の変遷を調査することにしたのである。

日本ABC協会は、『新聞発行社レポート』を年に2回、4月と10月に刊行する。この冊子で区市郡別のABC部数を公表する。

しかし、『新聞発行社レポート』は時系列を軸とした部数変化をひとつの表で表示していない。時系列の変化を確認するためには、『新聞発行社レポート』の号をまたいで、自治体ごとのデータを確認して時系列に並び替えてみる必要がある。それにより各自治体における各新聞の部数変遷が分かる。

以下、朝日新聞、読売新聞、毎日新聞、産経新聞、日経新聞、神戸新聞の順番で実態を検証してみよう。

◇兵庫県を対象としたロックの実態調査

読売新聞は、調査対象の6社の中で、最も多くロック現象が確認できた。たとえば兵庫区では、3年半にわたって6425部でロックされている。洲本市と淡路市でも3年半のロックが確認できる。南あわじ市と赤穂郡に至っては、5年にわたるロックを行っている。詳細は、次頁の表に示した。

ロックされた自治体が多い背景に、「読売1000万部」への固執があるのではないか。読売新聞の2021年10月度のABC部数は、695万9765部であるが、渡邊恒雄会長は翌年1月の賀詞交換会で「もう一遍、1000万部を取り戻したいと思っておりますので、頑張ってください」（『新聞情報』2022年1月19日）と「読売1000万部」の復活を呼び掛けている。

朝日新聞、毎日新聞、産経新聞、日経新聞は、読売新聞ほどではないにしてもかなり広範囲にロックが確認できる。神戸新聞は、2020年4月までに主に地方都市でロックが確認できるが、2020年10月以降は、ほとんどロックは見られない（調査報告は、74-79頁の表で示した）。

ただ、繰り返しになるがロックが確認できないことをもって、販売政策としての定数主義が存在しないとは限らない。自治体単位のロックは確認できなくても、本書の第3章でも紹介したように、販売店単位のロックが行われている可能性は依然としてあるのだ。

読売	2017年4月	1917年10月	2018年4月	2018年10月	2019年4月	2019年10月	2020年4月	2020年10月	2021年4月	2021年10月
神戸市	116,871	115,770	115,371	114,861	113,761	113,111	112,272	103,452	103,452	102,227
東灘区	17,068	17,068	17,068	17,068	16,568	16,568	19,170	17,470	17,470	17,470
灘区	11,368	11,368	11,368	11,368	11,368	11,368	8,766	8,266	8,266	8,266
兵庫区	6,425	6,425	6,425	6,425	6,425	6,425	6,425	5,775	5,775	5,775
長田区	5,780	5,780	5,780	6,100	6,100	6,100	5,766	5,766	5,766	5,766
須磨区	13,226	12,826	12,427	11,907	11,907	11,607	11,658	10,033	10,033	10,033
垂水区	16,629	16,629	16,629	16,544	16,544	16,544	14,729	15,034	15,450	15,450
北区	17,034	17,034	17,034	17,034	17,034	17,034	17,034	15,634	15,634	15,234
中央区	8,015	8,015	8,015	8,015	7,915	7,765	7,765	5,665	5,665	5,515
西区	21,326	20,626	20,625	20,400	19,900	19,700	20,959	19,809	19,393	18,718
姫路市	51,488	51,488	51,488	51,488	48,138	48,138	46,463	36,447	39,009	39,009
尼崎市	45,947	45,646	45,646	44,856	43,556	43,556	39,631	38,091	38,091	37,975
明石市	20,163	20,163	19,362	19,362	18,862	18,562	18,608	17,908	17,908	17,788
西宮市	41,271	40,873	41,473	41,473	40,673	39,523	38,823	34,923	37,312	36,937
洲本市	3,368	3,368	3,368	3,368	3,368	3,368	3,368	2,288	2,288	2,288
芦屋市	7,042	7,042	7,042	7,042	7,042	7,042	7,042	6,742	6,742	6,742
伊丹市	19,648	19,448	19,448	17,317	17,087	17,397	18,664	16,864	16,864	14,714
相生市	3,524	3,524	3,524	3,524	3,524	3,524	3,524	3,375	3,375	3,375
豊岡市	12,011	12,029	11,781	11,781	11,593	11,595	11,448	11,349	11,321	11,381
加古川市	25,476	25,476	25,476	25,476	25,026	25,026	23,801	18,486	17,209	17,209
赤穂市	3,950	3,950	3,950	3,950	3,950	3,950	3,950	3,899	3,899	3,899
西脇市	2,672	2,672	2,672	2,672	2,372	2,382	2,382	2,182	2,182	2,182
宝塚市	20,669	20,669	19,065	18,366	18,366	18,266	18,124	18,224	15,835	15,835
三木市	5,424	5,424	5,424	5,424	5,244	5,244	5,244	4,844	4,844	4,844
高砂市	10,246	10,246	10,246	10,246	10,246	10,246	9,246	7,094	5,745	5,745
川西市	19,132	18,833	18,833	18,665	18,173	16,366	16,369	15,122	15,121	15,431
小野市	3,484	3,484	3,484	3,484	3,484	3,484	3,194	2,494	2,494	2,494
三田市	14,706	14,706	14,706	14,706	14,706	14,706	14,706	14,206	14,206	14,206
加西市	2,826	2,826	2,826	2,826	2,426	2,426	2,426	2,226	2,226	2,226
篠山市	2,435	2,435	2,435	2,435	2,435	2,435	2,435	2,085	2,085	2,085
養父市	3,731	3,731	3,431	3,181	3,181	3,181	3,181	2,871	2,871	2,871
丹波市	5,823	5,602	5,602	5,502	5,132	5,132	5,132	4,832	4,832	4,832
南あわじ	3,804	3,804	3,804	3,804	3,804	3,804	3,804	3,804	3,804	3,804
朝来市	3,307	3,307	3,307	2,957	2,957	2,957	2,307	2,107	2,107	2,107
淡路市	3,966	3,966	3,966	3,966	3,966	3,966	3,966	2,886	2,886	2,886
宍粟市	1,906	1,906	1,906	1,906	1,906	1,906	1,906	1,606	1,606	1,606
加東市	2,925	2,925	2,630	2,630	2,630	2,630	2,630	1,990	1,990	1,990
たつの市	5,055	5,055	5,055	5,055	4,655	4,655	4,655	4,025	580	580
川辺郡	1,903	1,903	1,903	1,901	1,893	1,890	1,887	1,835	1,835	1,835
多可郡	378	378	378	378	353	343	334	294	294	294
加古郡	8,773	8,773	8,773	8,773	8,373	7,873	7,873	6,089	7,366	7,366
神崎郡	4,732	4,732	4,732	4,732	3,732	3,732	3,732	2,787	2,787	2,587
揖保郡	5,318	5,318	5,318	5,318	4,918	4,918	4,918	3,960	6,192	6,192
赤穂郡	1,333	1,333	1,333	1,333	1,333	1,333	1,333	1,333	1,333	1,333
佐用郡	605	605	605	605	605	605	605	505	505	505
美方郡	1,948	1,946	1,894	1,894	1,876	1,874	1,571	1,530	1,558	1,498

兵庫県の各自治体における読売新聞のABC部数の変遷（2017年～2021年）。部数がロックされているケースが頻繁に確認できる。たとえば、東灘区の場合、2017年4月から2018年10月の期間が17,068部でロックされている。また、2019年4月から2019年10月の期間が16,568部でロックされている。さらに、2020年10月から2021年4月までが17,470部でロックされている。

朝日	2017年4月	1917年10月	2018年4月	2018年10月	2019年4月	2019年10月	2020年4月	2020年10月	2021年4月	2021年10月
神戸市	99,827	97,917	95,014	87,181	81,960	76,893	74,897	69,181	63,136	62,253
東灘区	22,632	22,602	22,562	20,962	20,322	18,502	17,747	13,977	13,162	12,797
灘区	7,400	7,400	7,100	7,100	6,250	6,160	6,160	4,660	4,660	4,660
兵庫区	4,060	4,060	4,060	3,470	3,240	3,070	3,040	3,020	2,940	2,940
長田区	2,340	2,340	2,340	2,340	2,340	1,890	1,890	1,890	2,000	2,000
須磨区	15,098	13,498	12,998	11,998	10,190	10,190	10,190	10,190	8,990	8,890
垂水区	15,172	15,172	13,772	12,772	12,492	12,492	12,492	12,492	9,492	9,492
北区	12,885	12,885	12,885	12,465	11,765	11,065	10,265	9,931	8,931	8,911
中央区	7,733	7,763	7,903	6,993	6,783	5,043	4,833	4,743	4,688	4,693
西区	12,507	12,197	11,394	9,081	8,578	8,481	8,280	8,278	8,273	7,870
姫路市	33,742	32,590	30,879	29,916	30,306	28,004	24,101	23,057	21,655	21,458
尼崎市	31,910	31,210	27,080	26,180	25,900	23,234	20,714	20,614	19,544	19,144
明石市	17,575	16,820	16,070	17,170	16,670	14,590	14,590	13,590	11,490	11,330
西宮市	54,340	53,540	50,140	47,390	46,000	43,000	38,100	36,850	34,290	33,690
洲本市	1,530	1,530	1,320	1,320	1,140	1,034	962	777	727	680
芦屋市	12,030	11,830	11,230	10,380	10,380	9,910	9,830	7,820	7,700	7,700
伊丹市	15,310	16,090	19,770	17,325	15,125	14,915	14,915	13,685	12,785	12,435
相生市	2,250	2,250	2,250	2,250	2,250	2,250	2,250	2,250	1,850	1,850
豊岡市	3,237	3,235	3,235	2,977	2,977	2,827	2,817	2,562	2,559	2,523
加古川市	20,470	19,790	19,390	18,840	18,650	18,650	18,650	15,650	12,650	12,650
赤穂市	4,570	4,570	4,570	4,320	4,320	4,320	4,320	4,320	4,320	3,720
西脇市	1,930	1,930	1,930	1,930	1,430	1,430	1,430	1,080	1,080	1,080
宝塚市	22,580	22,647	23,096	23,783	22,635	21,931	21,328	20,877	19,730	19,322
三木市	4,755	4,755	4,445	2,735	2,735	2,625	2,522	2,511	2,331	2,322
高砂市	4,740	4,870	4,870	4,870	3,560	3,560	3,560	3,560	3,260	3010
川西市	18,532	14,987	14,987	14,937	14,759	14,644	13,555	12,455	11,415	11,360
小野市	2,160	2,160	2,160	2,160	1,662	1,662	1,662	1,215	1,170	1,100
三田市	7,980	7,980	7,980	7,980	7,980	7,480	7,470	4,950	4,690	4,525
加西市	1,165	1,165	1,165	1,145	935	930	930	770	771	772
篠山市	2,417	2,417	2,390	2,240	1,940	1,910	1,910	1,891	1,858	1,831
養父市	980	980	980	865	856	857	657	642	642	642
丹波市	3,490	3,340	3,340	3,340	3,000	3,000	3,000	2,960	2,930	2,850
南あわじ	1,555	1,556	1,465	1,464	1,301	1,333	1,283	1,185	1,149	1,105
朝来市	1,413	1,413	1,388	1,383	1,383	1,378	1,347	1,300	1,271	1,253
淡路市	1,274	1,234	1,189	1,189	1,179	1,169	1,154	995	992	989
宍粟市	1,334	1,336	1,349	1,362	1,375	1,378	1,384	1,391	1,194	1,191
加東市	985	985	985	885	785	785	785	625	625	585
たつの市	3,960	4,160	4,160	4,160	4,160	4,160	4,160	4,160	3,960	3,660
川辺郡	4,570	4,010	4,010	3,510	3,510	3,510	3,500	2,865	2,865	2,865
多可郡	190	190	190	190	175	175	175	155	145	135
加古郡	3,005	2,560	2,360	2,360	2,360	2,360	2,360	2,360	2,360	2,360
神崎郡	1,405	1,400	1,395	1,380	1,285	1,280	1,245	1,210	1,052	1,028
揖保郡										
赤穂郡	810	810	810	810	810	810	810	810	660	660
佐用郡	360	350	316	309	301	300	276	255	254	246
美方郡	785	769	737	732	697	680	676	613	608	550

兵庫県の各自治体における朝日新聞のABC部数の変遷（2017年～2021年）。たとえば、灘区の場合、2017年４月から2017年10月の期間が7,400部でロックされている。2018年４月から2018年10月が7,100部でロックされている。2019年10月から2020年４月が6,160部でロックされている。さらに2020年10月から2021年10月が4,660部でロックされている。

毎日	2017年4月	1917年10月	2018年4月	2018年10月	2019年4月	2019年10月	2020年4月	2020年10月	2021年4月	2021年10月
神戸市	39,120	37,145	33,695	31,755	30,305	28,247	27,479	24,564	24,041	23,985
東灘区	9,095	8,645	8,415	8,195	7,767	7,067	6,917	6,217	6,217	6,326
灘区	3,602	3,690	2,540	2,405	1,825	1,625	1,625	1,520	1,510	1,515
兵庫区	1,599	1,454	1,454	1,454	735	650	577	442	382	347
長田区	1,055	870	870	870	850	660	620	570	470	470
須磨区	2,430	2,370	2,310	2,210	2,100	2,075	2,025	1,715	1,580	1,475
垂水区	5,370	4,515	4,050	4,020	3,825	3,742	3,711	3,501	3,260	3,230
北区	7,336	6,965	6,255	5,995	6,151	6,006	5,731	5,421	5,251	5,351
中央区	4,154	4,199	3,364	3,159	3,505	3,005	2,855	2,565	2,822	2,757
西区	4,479	4,437	4,437	3,457	3,547	3,417	3,418	2,613	2,549	2,514
姫路市	12,451	11,303	8,759	8,944	8,503	8,171	7,795	7,393	7,433	6,780
尼崎市	33,330	34,345	29,560	27,125	23,116	21,866	22,321	19,199	18,849	19,175
明石市	11,130	10,910	10,520	10,595	9,405	8,938	7,738	7,053	7,053	7,103
西宮市	18,271	16,976	17,981	17,151	14,906	13,296	12,796	12,151	12,121	12,161
洲本市	462	442	400	385	370	286	258	209	195	186
芦屋市	3,803	3,597	3,342	3,111	2,811	2,780	2,784	2,250	2,252	2,232
伊丹市	12,055	11,480	9,140	8,840	6,060	6,060	4,655	4,055	4,055	4,158
相生市	400	400	400	400	400	400	360	360	300	280
豊岡市	2,681	2,676	2,526	2,486	2,351	2,119	2,056	1,858	1,688	1,534
加古川市	3,230	3,230	2,620	2,515	2,515	2,415	2,027	1,589	1,559	1,518
赤穂市	624	624	541	541	541	541	501	425	414	394
西脇市	467	467	397	397	397	397	367	307	307	297
宝塚市	12,479	10,992	11,692	11,632	12,082	11,950	11,747	10,647	10,646	10,756
三木市	2,705	2,315	2,198	2,503	2,068	2,060	1,957	1,750	1,738	1,692
高砂市	675	675	675	675	602	602	532	432	420	404
川西市	4,517	4,202	4,217	4,139	4,012	3,878	3,840	3,490	3,473	3,428
小野市	1,160	1,175	1,160	1,000	950	850	700	490	415	400
三田市	3,764	3,755	3,757	3,762	3,762	3,756	3,744	3,726	3,728	3,729
加西市	551	551	516	476	466	456	396	391	384	381
篠山市	1,033	965	938	948	888	820	670	600	598	533
養父市	1,528	1,006	978	978	971	971	971	901	888	798
丹波市	1,955	1,951	1,761	1,686	1,676	1,355	1,340	1,188	930	866
南あわじ	425	415	410	390	400	389	376	307	257	250
朝来市	779	764	664	648	643	625	590	585	564	533
淡路市	347	298	273	263	248	244	226	179	181	179
宍粟市	330	330	330	292	292	292	292	245	200	194
加東市	380	380	310	305	305	305	305	240	240	240
たつの市	763	793	781	748	719	716	636	556	496	446
川辺郡	1,033	798	723	723	653	653	618	565	565	555
多可郡	399	399	399	399	349	349	349	217	217	205
加古郡	180	180	138	138	138	248	248	199	192	182
神崎郡	457	457	457	423	363	348	318	268	263	255
揖保郡										
赤穂郡	260	260	260	260	260	210	210	110	110	107
佐用郡	92	92	92	92	92	92	86	87	87	85
美方郡	435	426	417	417	424	331	328	319	282	274

兵庫県の各自治体における毎日新聞の ABC 部数の変遷（2017 年～ 2021 年）。たとえば、東灘区の場合、2020 年 10 月から 2021 年 4 月の期間が 6,217 部でロックされている。

産経	2017年4月	2017年10月	2018年4月	2018年10月	2019年4月	2019年10月	2020年4月	2020年10月	2021年4月	2021年10月
神戸市	12,146	12,268	12,474	11,579	10,586	10,601	10,348	10,299	10,079	9,172
東灘区	2,040	2,163	2,387	2,085	2,084	2,101	2,221	2,321	2,263	1,863
灘区	1,328	1,328	1,328	1,028	868	968	968	968	968	798
兵庫区	875	875	605	599	596	563	535	525	517	410
長田区	912	951	1,384	871	303	298	290	291	266	263
須磨区	849	848	834	821	972	978	961	952	922	902
垂水区	1,204	1,183	1,169	1,152	1,071	1,072	995	972	964	937
北区	1,590	1,590	1,590	1,580	1,580	1,580	1,400	1,395	1,265	1,250
中央区	1,868	1,848	1,848	2,124	1,831	1,760	1,797	1,691	1,772	1,659
西区	1,480	1,482	1,329	1,319	1,281	1,281	1,181	1,184	1,142	1,090
姫路市	4,532	4,536	4,536	4,351	4,336	4,315	3,505	3,445	2,937	2,702
尼崎市	18,322	18,322	18,122	17,922	15,672	15,672	15,516	14,776	14,776	12,586
明石市	1,364	1,345	1,338	1,311	1,239	1,233	1,120	1,111	1,085	1,052
西宮市	10,524	10,524	10,524	10,524	9,724	9,602	9,303	8,721	8,706	7,653
洲本市	2,146	2,146	2,146	1,691	1,228	1,200	872	797	770	664
芦屋市	2,989	2,989	2,989	2,589	2,089	2,089	1,889	1,699	1,699	1,649
伊丹市	2,101	2,101	2,101	2,101	1,901	1,901	1,901	1,801	1,801	1,651
相生市	320	320	320	320	320	320	310	310	270	270
豊岡市	2,180	2,180	2,180	2,070	2,069	2,064	2,007	1,819	1,732	1,432
加古川市	2,155	2,165	2,135	2,125	2,075	2,075	1,561	1,456	1,245	1,197
赤穂市	1,122	1,122	1,092	942	942	942	812	812	672	602
西脇市	572	572	572	557	527	477	372	372	372	291
宝塚市	7,027	7,026	7,022	7,023	6,023	6,021	5,659	4,846	4,441	4,329
三木市	1,120	1,120	1,110	1,045	1,045	1,045	775	755	645	525
高砂市	700	700	700	696	691	681	551	551	476	476
川西市	6,088	6,042	5,997	5,977	5,639	5,621	5,320	5,870	5,823	5,373
小野市	550	550	550	550	550	550	520	500	350	305
三田市	1,320	1,320	1,320	1,310	1,210	1,210	1,058	1,038	938	898
加西市	967	967	967	962	744	745	407	406	396	386
篠山市	596	594	591	586	586	571	511	501	386	366
養父市	255	255	255	255	255	242	198	198	171	167
丹波市	629	629	627	622	622	532	456	446	408	373
南あわじ	673	673	673	668	653	617	577	562	449	420
朝来市	276	276	274	274	275	266	230	214	226	211
淡路市	484	474	472	456	439	414	347	343	329	305
宍粟市	330	330	332	217	217	217	212	212	147	129
加東市	475	475	470	445	445	445	380	267	267	262
たつの市	904	904	874	874	864	860	616	616	586	546
川辺郡	385	385	385	385	385	385	365	305	305	275
多可郡	238	236	236	232	229	229	204	197	162	157
加古郡	721	721	721	721	721	721	713	703	581	573
神崎郡	392	392	392	377	332	312	276	255	224	194
揖保郡							186	166	156	124
赤穂郡	223	223	223	218	218	218	118	118	118	113
佐用郡	95	95	95	91	91	91	87	82	77	68
美方郡	409	409	409	359	297	273	262	244	235	227

兵庫県の各自治体における産経新聞の ABC 部数の変遷（2017 年～ 2021 年）。たとえば、東灘区の場合、2018 年 10 月から 2019 年 4 月の期間が 2,084 部でロックされている。

日経	2017年4月	2017年10月	2018年4月	2018年10月	2019年4月	2019年10月	2020年4月	2020年10月	2021年4月	2021年10月
神戸市	38,500	39,485	34,926	34,386	34,059	33,406	30,934	29,114	23,655	23,580
東灘区	8,212	8,222	7,681	7,661	7,661	7,453	7,153	6,819	5,503	5,473
灘区	3,495	3,495	3,135	3,135	3,085	2,885	2,615	2,615	2,175	2,175
兵庫区	1,952	1,952	1,700	1,700	1,700	1,700	1,700	1,600	1,055	1,055
長田区	866	866	746	646	646	646	586	586	506	506
須磨区	3,647	3,547	3,227	3,107	2,923	2,903	2,783	2,783	2,133	2,058
垂水区	4,015	4,015	3,675	3,595	3,619	3,579	3,199	3,199	2,574	2,574
北区	5,371	4,471	3,931	3,501	3,486	3,446	3,271	3,226	2,533	2,533
中央区	7,003	7,993	6,381	6,601	6,601	6,679	5,755	4,412	3,992	4,022
西区	4,939	4,924	4,450	4,440	4,338	4,115	3,872	3,874	3,184	3,184
姫路市	8,938	7,863	7,384	7,305	7,313	7,265	6,815	6,440	5,385	5,453
尼崎市	9,843	9,485	7,669	7,435	7,177	6,948	6,692	6,695	5,208	5,207
明石市	5,255	5,299	4,904	4,694	4,474	4,400	4,150	4,150	3,460	3,460
西宮市	18,579	18,485	17,053	16,733	16,008	15,508	14,820	14,510	11,644	11,631
洲本市	654	655	579	568	553	539	453	452	422	422
芦屋市	5,814	5,808	5,626	5,408	6,113	6,208	5,340	5,240	4,597	4,597
伊丹市	3,468	3,669	4,183	3,883	3,859	3,724	3,417	3,267	2,668	2,668
相生市	779	764	734	734	724	684	644	634	513	513
豊岡市	899	898	785	776	761	745	728	719	639	638
加古川市	4,683	4,550	3,755	3,711	3,711	3,666	3,636	3,781	2,339	2,366
赤穂市	694	495	497	493	463	461	416	416	357	357
西脇市	459	513	458	460	459	459	439	439	400	340
宝塚市	7,940	7,875	7,121	6,989	6,941	6,900	6,852	6,719	5,613	5,627
三木市	1,168	1,268	1,071	939	930	920	889	857	795	785
高砂市	1,065	1,148	1,073	1,023	1,015	985	905	876	723	723
川西市	5,089	4,395	4,105	4,070	4,000	3,970	3,324	2,934	2,724	2,724
小野市	629	629	589	589	589	589	569	569	439	439
三田市	2,790	2,830	2,630	2,600	2,773	2,730	2,700	2,703	2,382	2,462
加西市	586	635	584	584	580	477	470	467	468	468
篠山市	576	576	514	512	503	488	456	457	380	376
養父市	201	193	178	178	177	177	175	172	151	153
丹波市	714	714	651	621	603	568	566	553	489	480
南あわじ	527	527	472	466	466	483	437	436	386	386
朝来市	306	305	289	289	286	281	281	255	220	222
淡路市	416	411	392	386	365	352	352	349	332	327
宍粟市	251	254	258	229	231	211	212	192	169	169
加東市	570	620	590	490	490	490	490	490	390	390
たつの市	564	652	612	582	582	582	522	522	462	462
川辺郡	1,167	1,091	951	931	921	921	891	721	711	711
多可郡	149	144	138	134	135	133	131	125	110	108
加古郡	611	561	541	547	477	477	392	392	352	352
神崎郡	358	357	328	325	319	306	307	302	251	244
揖保郡	21	21	23	24	26	23	26	25	10	11
赤穂郡	208	208	198	198	198	198	188	188	153	153
佐用郡	93	89	85	84	82	83	84	78	82	82
美方郡	183	183	166	173	165	162	157	149	135	128

兵庫県の各自治体における日経新聞のABC部数の変遷（2017年～2021年）。たとえば、東灘区の場合、2018年10月から2019年4月の期間が7,661部でロックされている。

神戸	2017年4月	2017年10月	2018年4月	2018年10月	2019年4月	2019年10月	2020年4月	2020年10月	2021年4月	2021年10月
神戸市	172,418	170,764	167,553	164,788	161,466	156,291	149,878	137,599	128,172	126,116
東灘区	12,595	12,488	12,415	12,212	11,732	11,392	10,747	10,148	9,714	9,580
灘区	11,464	11,214	11,017	10,877	10,687	10,287	9,567	8,759	8,090	7,981
兵庫区	12,604	12,364	11,554	11,309	11,114	10,619	10,249	8,989	7,901	5,940
長田区	12,696	12,366	11,741	11,566	11,541	11,151	11,116	9,871	8,485	8,373
須磨区	23,413	23,293	23,223	22,813	23,488	22,683	21,493	19,773	18,746	18,482
垂水区	29,954	29,784	29,501	28,951	27,644	26,099	24,209	21,979	21,101	20,665
北区	26,847	26,737	26,417	25,727	24,572	23,962	23,211	21,669	19,909	19,509
中央区	17,606	17,316	16,634	16,462	16,462	16,242	15,802	14,471	13,120	14,771
西区	25,239	25,202	25,051	24,871	24,226	23,856	23,481	22,120	21,106	20,814
姫路市	62,508	62,409	62,157	61,550	60,151	59,296	59,284	55,640	52,879	52,551
尼崎市	1,921	1,876	1,803	1,796	1,769	1,769	1,822	1,798	1,792	1,762
明石市	35,907	35,827	35,497	34,972	34,217	33,312	32,472	30,652	30,461	30,053
西宮市	5,215	5,190	5,095	5,097	5,105	5,109	5,049	5,042	4,933	4,846
洲本市	7,600	7,595	7,565	7,665	7,585	7,520	7,520	7,078	6,964	6,870
芦屋市	2,395	2,421	2,396	2,292	2,221	2,181	2,121	2,096	2,083	2,027
伊丹市	687	699	655	602	632	624	570	573	572	572
相生市	4,220	4,220	4,220	4,220	4,200	4,180	4,170	4,080	4,013	3,929
豊岡市	9,477	9,475	9,473	9,460	9,455	9,455	9,425	9,349	9,188	9,071
加古川市	31,650	31,615	31,595	31,520	31,359	31,099	30,809	29,112	27,835	27,461
赤穂市	6,222	6,222	6,222	6,222	6,222	6,222	6,222	6,122	6,025	5,951
西脇市	7,215	7,210	7,190	7,170	7,110	7,050	7,050	6,760	6,605	6,515
宝塚市	1,279	1,274	1,309	1,343	1,352	1,353	1,385	1,359	1,352	1,306
三木市	12,445	12,440	12,423	12,318	12,357	12,307	12,357	12,043	11,871	11,687
高砂市	10,753	10,738	10,708	10,673	10,673	10,568	10,568	10,288	9,830	9,699
川西市	389	367	371	371	377	380	359	365	369	370
小野市	6,745	6,745	6,725	6,725	6,675	6,645	6,645	6,420	6,308	6,224
三田市	7,840	7,840	7,740	7,635	7,540	7,415	7,278	7,121	6,635	6,579
加西市	7,728	7,722	7,722	7,712	7,612	7,532	7,532	7,242	6,846	6,759
篠山市	7,601	7,601	7,537	7,502	7,357	7,277	7,267	6,875	6,552	6,463
養父市	2,965	2,980	2,985	2,967	2,957	2,957	2,952	2,932	2,897	2,888
丹波市	9,089	9,078	9,026	9,006	8,911	8,861	8,841	8,575	8,368	8,234
南あわじ	8,773	8,756	8,701	8,524	8,402	8,332	8,332	7,952	7,707	7,572
朝来市	4,648	4,646	4,612	4,577	4,521	4,491	4,453	4,342	4,215	4,164
淡路市	7,556	7,552	7,504	7,479	7,406	7,321	7,321	6,964	6,794	6,730
宍粟市	7,761	7,757	7,760	7,654	7,404	6,854	6,754	6,548	6,401	6,315
加東市	6,772	6,770	6,770	6,720	6,670	6,620	6,620	6,230	6,089	6,007
たつの市	10,335	10,330	10,264	10,214	9,874	9,814	9,784	9,374	9,164	9,044
川辺郡	169	173	171	174	174	176	176	181	176	180
多可郡	4,325	4,323	4,323	4,303	4,233	4,188	4,188	4,008	3,806	3,762
加古郡	15,225	15,215	15,195	15,095	14,930	14,680	14,392	14,212	12,686	12,640
神崎郡	7,112	7,112	7,102	7,092	7,037	7,037	6,897	6,532	6,255	6,185
揖保郡	6,153	6,153	6,103	6,103	6,053	6,023	6,023	5,753	5,610	5,534
赤穂郡	3,005	3,005	2,990	2,990	2,980	2,960	2,950	2,860	2,748	2,704
佐用郡	3,751	3,746	3,682	3,468	3,393	3,363	3,363	3,038	2,890	2,862
美方郡	2,697	2,694	2,686	2,661	2,651	2,626	2,614	2,507	2,441	2,419

兵庫県の各自治体における神戸新聞の ABC 部数の変遷（2017 年〜 2021 年）。たとえば、中央区の場合 2018 年 10 月から 2019 年 4 月の期間が 16,462 部でロックされている。

読売	2016年4月	1916年10月	2017年4月	2017年10月	2018年4月	2018年10月	2019年4月	2019年10月	2020年4月	2020年10月
千代区	11,112	11,124	11,246	6,776	6,139	6,246	6,337	7,271	6,880	6,486
中央区	13,693	13,648	13,128	17,531	17,152	16,989	15,811	14,879	14,166	13,080
港区	15,872	15,796	15,198	14,985	14,625	15,533	14,807	14,487	13,590	12,888
新宿区	21,591	21,318	22,206	22,661	20,725	20,406	20,211	19,976	17,753	18,238
文京区	12,774	10,509	10,233	9,846	9,611	9,559	9,094	8,871	9,011	9,193
台東区	13,977	13,819	13,932	13,530	12,828	12,300	12,305	12,105	11,754	11,387
墨田区	20,670	20,247	19,918	18,960	17,436	16,876	15,856	13,996	11,850	12,286
江東区	37,804	37,179	35,952	34,872	33,532	32,622	31,490	32,504	32,245	32,564
品川区	25,234	24,653	24,004	23,309	22,400	21,992	22,256	21,871	20,293	20,327
目黒区	17,760	17,537	17,656	17,106	16,460	16,084	15,980	15,737	15,029	14,568
大田区	55,095	53,836	51,986	51,002	49,171	48,527	46,374	45,802	43,256	43,353
世田谷区	58,033	57,851	53,066	52,866	50,606	49,441	47,729	47,499	44,414	44,056
渋谷区	15,269	14,961	14,415	13,945	13,496	12,077	11,198	10,874	10,723	10,808
中野区	18,342	18,129	17,170	16,924	15,824	15,750	15,839	15,159	15,055	15,395
杉並区	35,088	34,487	33,238	32,623	31,548	31,309	30,801	29,811	28,352	28,000
豊島区	15,832	15,624	15,453	15,122	14,580	14,176	11,148	8,812	8,694	8,288
北区	31,601	33,439	32,714	32,764	30,981	30,554	29,603	28,313	25,869	25,650
荒川区	14,170	13,936	12,904	12,697	12,476	12,185	11,833	11,500	11,242	10,982
板橋区	49,365	49,050	47,501	46,423	43,807	43,082	43,345	44,840	42,616	41,327
練馬区	70,005	68,644	65,654	63,800	62,912	62,120	60,928	59,724	57,402	57,370
足立区	53,394	52,501	50,723	49,890	48,187	48,357	47,570	48,302	45,538	45,796
葛飾区	39,612	38,896	37,968	37,129	36,159	35,685	34,794	33,733	30,408	28,760
江戸川区	71,320	70,904	69,542	69,488	68,084	67,713	64,101	62,681	62,158	59,166

東京23区における読売新聞のABC部数の変遷（2016年～2020年）。部数がロックされているケースは確認できない。

◇東京23区を対象としたロックの実態調査

次にわたしは東京23区を対象としたロックの実態調査を行った。結論を先に言えば、兵庫県と比較するとロックが確認できる自治体は少ない。読売の場合は、1件も確認できない。これはひとつには東京23区の場合、販売店の数が多いので、たとえ一店舗で新聞の搬入部数で変動があっても、その部数が自治体全体の部数に影響を及ぼすことが原因ではないかと推測される。

上の表と次頁の上の表は、それぞれ読売新聞と朝日新聞のデータである。

兵庫県と東京都以外でもランダムにロックの有無を確認する調査を実施した。その結果、ほとんどの都府県でロックが行われている自治体が確認できた。

その中にはロックの規模がきわめて大きい例もある。たとえば大阪府の堺市である。次頁の下の表は、

朝日	2016年4月	2016年10月	2017年4月	2017年10月	2018年4月	2018年10月	2019年4月	2019年10月	2020年4月	2020年10月
千代区	11,108	10,875	10,709	5,476	5,478	7,458	7,458	7,315	6,683	6,621
中央区	10,073	10,058	9,698	14,232	14,197	13,522	13,097	12,524	12,066	11,736
港区	19,544	17,072	16,142	15,213	14,983	14,285	14,276	13,621	11,327	10,267
新宿区	19,656	19,291	18,331	18,316	17,221	15,786	15,265	14,635	14,256	13,796
文京区	15,835	15,485	15,340	15,155	15,115	11,960	12,210	12,013	12,672	12,673
台東区	8,255	8,175	8,040	7,930	7,930	7,620	7,420	6,530	6,820	6,790
墨田区	11,340	11,245	11,215	11,052	9,852	8,632	8,600	8,600	7,760	7270
江東区	24,580	24,339	24,258	24,090	22,589	20,288	19,088	18,898	18,921	17,572
品川区	18,135	19,020	18,980	18,028	17,380	17,295	17,292	17,292	15,568	14,913
目黒区	22,220	19,920	19,532	18,012	17,787	17,787	18,632	18,232	19,715	19,437
大田区	41,250	40,060	38,785	37,670	36,139	35,635	34,476	33,776	31,831	30,685
世田谷区	74,870	74,601	73,026	69,906	68,961	67,786	67,561	66,139	60,964	57,594
渋谷区	15,488	16,528	14,562	14,417	14,382	14,363	11,880	11,619	11,275	11,174
中野区	27,580	26,420	26,195	24,020	22,845	23,855	22,855	22,367	21,962	19,909
杉並区	45,550	42,700	41,060	40,710	40,190	39,210	38,395	37,635	37,753	36,801
豊島区	15,866	14,115	13,765	14,428	13,940	13,755	12,423	11,516	10,730	10,622
北区	25,695	25,445	24,345	23,410	23,145	23,045	22,255	21,167	20,299	19,430
荒川区	9,099	8,549	8,549	8,549	8,549	8,540	8,380	8,130	7,480	7,450
板橋区	35,625	35,425	35,425	32,520	31,920	30,722	31,512	30,442	30,242	30,242
練馬区	50,565	50,315	49,870	48,630	48,143	44,463	39,638	38,130	37,720	39,707
足立区	33,905	32,394	32,294	32,294	32,060	29,555	27,875	26,080	26,080	24,179
葛飾区	20,620	20,285	19,461	19,461	18,473	17,458	17,398	17,298	16,895	16,877
江戸川区	32,500	31,105	30,564	30,148	29,104	24,475	23,596	23,116	23,021	22,371

東京23区における朝日新聞のABC部数の変遷（2016年～2020年）。部数がロックされているケースが若干確認できる。

読売	2016/4月	2016/10月	2017/4月	2017/10月	2018/4月	2018/10月	2019/4月	2019/10月	2020/4月	2020/10月
堺市全体	66,876	66,079	66,079	66,079	65,580	65,580	63,880	63,130	62,630	59,630
堺区	15,141	14,841	14,841	14,841	14,841	14,841	14,341	14,341	14,341	14,341
中区	9,859	9,859	9,859	9,859	9,859	9,859	9,859	9,859	9,859	8,659
東区	6,157	6,157	6,157	6,157	6,157	6,157	6,157	6,157	6,157	6,157
西区	9,075	9,075	9,075	9,075	8,576	8,576	8,276	8,276	7,776	7,426
南区	10,142	10,145	10,145	10,145	10,145	10,145	9,245	8,995	8,995	8,145
北区	13,738	13,238	13,238	13,238	13,238	13,238	13,238	12,738	12,738	12,438
美原区	2,764	2,764	2,764	2,764	2,764	2,764	2,764	2,764	2,764	2,464

大阪府堺市における読売新聞のABC部数の変遷（2016年～2020年）。たとえば2016年10月から、2017年10月までの１年半の間、66,079部でロックされているのが確認できる。

堺市における読売新聞のロック調査の結果である。

堺市を構成する七つの区のそれぞれに、ロックが観察されるだけでなく、堺市というより広域地区で見ても、ロックが確認できる。

たとえば読売新聞の場合、２０１６年10月から１年半にわたり、部数を６万６０７９部でロックしている。さらに次の１年は、６万５５８０部でロックしている。

朝日新聞も２０１６年10月から１年半にわたり、６万３０１０部でロックしている。毎日新聞は、２０１

朝日新聞	2016年4月	2016年10月	2017年4月	2017年10月	2018年4月	2018年10月	2019年4月	2019年10月	2020年4月	2020年10月
高松市	22,252	22,002	22,002	21,502	20,687	20,627	18,877	16,877	13,882	13,882
丸亀市	7,500	7,500	7,500	7,500	7,500	7,500	5,270	5,060	5,060	4,360
坂出市	3,280	3,180	3,180	3,180	3,180	3,180	2,930	2,930	2,230	2,230
善通寺市							755	855	855	855
観音寺市	4,030	4,200	4,030	4,030	4,030	4,200	4,030	4,030	3,820	3,817
さぬき市	1,615	1,485	1,485	1,485	1,485	1,415	1,415	1,415	1,315	1,205
東かがわ	1,690	1,440	1,440	1,440	1,440	1,440	1,440	1,400	1,400	1,080
三豊市	1,686	1,686	1,686	1,682	1,673	1,473	1,469	1,453	1,452	1,452
小豆郡	1,560	1,460	1,430	1,430	1,430	1,330	1,330	1,330	1,230	1,130
木田郡	2,025	2,025	2,025	2,025	2,025	2,025	1,925	1,925	1,825	1,825
香川郡										
綾歌郡	600	600	600	600	550	550	550	550	500	500
仲多度郡	2,175	2,175	2,175	2,175	2,175	2,175	2,175	2,075	2,075	1,875

香川県における朝日新聞のABC部数の変遷（2016年～2020年）。部数がロックされているケースが頻繁に確認できる。

読売新聞	2016年4月	2016年10月	2017年4月	2017年10月	2018年4月	2018年10月	2019年4月	2019年10月	2020年4月	2020年10月
高松市	19,571	18,801	18,801	18,801	18,801	18,801	18,001	18,001	17,501	16,501
丸亀市	5,218	5,218	4,818	4,818	4,818	4,818	4,818	4,818	4,818	4,418
坂出市	6,160	6,160	6,062	6,062	6,062	5,732	5,232	5,232	5,232	4,735
善通寺市	1,772	1,772	1,772	1,772	1,772	1,772	1,772	1,772	1,571	1,369
観音寺市	3,555	3,555	3,555	3,555	3,245	3,075	3,075	3,075	3,075	2,975
さぬき市	2,484	2,284	2,284	2,284	2,284	2,284	1,734	1,734	1,734	1,734
東かがわ	1,339	1,339	1,339	1,240	1,240	1,240	1,240	1,240	1,240	1,140
三豊市	2,873	2,873	2,873	2,873	2,873	2,873	2,773	2,773	2,773	2,573
小豆郡	1,218	1,068	1,068	1,068	1,068	1,068	1,028	1,028	1,008	1,008
木田郡										
香川郡										
綾歌郡	2,771	2,771	2,771	2,771	2,771	2,771	2,171	2,171	2,171	2,171
仲多度郡	2,040	2,040	2,040	2,040	2,040	2,040	2,040	2,040	2,040	2,040

香川県における読売新聞のABC部数の変遷（2016年～2020年）。部数がロックされているケースが頻繁に確認できる。

６年４月から１年にわたり５万５８４５部でロックしている。産経新聞になると、２０１６年４月から１年にわたり６万７１９２部でロックし、２０１７年４月からは１年半にわたり６万６６９２部でロックし、さらに２０１９年４月から１年にわたり６万５９５２部でロックしている。

　小規模な地方都市と農村・漁村で構成する県についても、ロックの実態を調査した。上の表は、それぞれ香川県における朝日新聞と読売新聞の実態である。

　読売新聞の高松市における読売新聞の場合、２０１６年10月から２年半にわたって部数を１万８８０１部でロックしている。郡部の中多度郡の場合は、

２０１６年４月から5年の間、２０４０部でロックしている。

◇販売会社におけるロックの実態

販売店の中には、新聞社やその販売会社が経営しているところがある。俗に販売会社と呼ばれる販売店である。販売会社の取引形態は、新聞社が販売会社に新聞を搬入して、その代金を販売会社が支払う。企業グループの中で、新聞を供給し、その卸代金を回収するのである。

したがって企業グループ全体で見ると、「押し紙」による損害が発生しない。そのために部数のロックが典型的に観察されることがある。

大量の新聞を店舗に搬入して、ＡＢＣ部数を高い水準に維持しているケースが確認できる。

年（月）	読売・府中市の部数
2011年10月	5,995
2012年4月	5,997
2012年10月	5,997
2013年4月	5,997
2013年10月	5,997
2014年4月	5,697
2014年10月	5,697
2015年4月	5,697
2015年10月	5,697
2016年4月	5,697
2016年10月	5,697
2016年4月	5,697
2017年10月	5,697
2018年4月	5,697
2018年10月	5,697
2019年4月	5,697
2019年10月	5,697
2020年4月	5,697
2020年10月	5,697

広島県府中市における読売新聞のABC部数の変遷。2012年４月から2013年10月までの２年間にわたり、5997部でロックされている。また、2014年４月から2020年10月までの７年間にわたり5697部でロックされているのが確認できる。

上の表は、広島県府中市における読売新聞

のＡＢＣ部数の変遷である。期間は２０１１年10月から２０２０年10月である。この地区の読売新聞を配達していたのは、読売情報開発という読売新聞傘下の販売会社である（現在は閉鎖されている）。

きわめて長期にわたって、同じ部数がロックされていた実態が確認できる。定数主義の典型といえるだろう。ロックの実態は次の通りである。

２０１２年４月〜２０１３年10月：５９９７部
２０１４年４月〜２０２０年10月：５６９７部

表で確認すると、ロックの異常さが際立つ。

◇「押し紙」がない熊本日日新聞

本章の最後に「押し紙」政策を採用していない数少ない新聞社の例を紹介しよう。熊本日日新聞の例である。同社は、予備紙の部数を搬入部数の１・５％に設定している。この１・５％を前提として、「注文部数」を決めるのは販売店である。新聞社ではない。その結果、「押し紙」は１部も存在しない。

熊本日日	2017年4月	2017年10月	2018年4月	2018年10月	2019年4月	2019年10月	2020年4月	2020年10月	2021年4月	2021年10月
熊本市	117,003	115,962	113,861	112,548	109,795	108,234	106,372	104,894	101,286	99,980
中央区	24,699	24,595	24,031	23,686	23,149	22,799	22,343	24,100	21,658	21,360
東区	28,281	28,053	27,451	27,251	26,790	26,333	25,901	25,018	22,407	22,141
西区	17,539	17,276	16,896	16,692	16,409	16,190	15,889	14,664	15,957	15,750
南区	23,471	23,275	22,877	22,584	22,153	21,796	21,424	20,571	19,963	19,708
北区	23,013	22,763	22,606	22,335	21,294	21,116	20,815	20,541	21,301	21,021
八代市	18,761	18,621	18,349	18,127	17,831	17,529	17,142	16,730	16,353	16,271
人吉市	4,552	4,484	4,345	4,283	4,211	4,085	4,006	3,759	3,751	3,765
荒尾市	2,583	2,565	2,526	2,531	2,507	2,498	2,447	2,463	2,440	2,424
水俣市	3,185	3,120	3,019	2,977	2,551	2,501	2,470	2,415	2,380	2,330
玉名市	11,145	11,004	10,841	10,678	10,553	10,351	10,202	10,019	9,842	9,707
山鹿市	9,278	9,195	8,992	8,807	8,570	8,357	8,206	8,107	7,918	7,759
菊池市	10,053	9,925	9,708	9,559	9,328	9,103	8,849	8,673	8,358	8,254
宇土市	6,719	6,658	6,616	6,539	6,463	6,353	6,261	6,176	6,021	5,932
上天草市	4,842	4,759	4,626	4,547	4,421	4,362	4,279	4,270	4,181	4,159
宇城市	13,110	12,983	12,826	12,655	12,427	12,205	12,006	11,877	11,622	11,489
阿蘇市	5,782	5,780	5,729	5,664	5,597	5,520	5,421	5,353	5,252	5,198
天草市	14,281	14,098	13,809	13,636	13,402	13,171	12,878	12,762	12,453	12,300
合志市	7,981	7,942	7,800	7,762	8,404	8,355	8,229	8,122	7,746	7,610
下益城郡	1,175	1,153	1,127	1,115	1,069	1,061	1,048	1,039	1,024	1,007
玉名郡	7,722	7,638	7,520	7,357	7,275	7,052	6,854	6,735	6,590	6,563
菊池郡	10,890	10,859	10,738	10,644	10,310	10,072	9,793	9,721	9,554	9,505
阿蘇郡	5,177	5,148	5,037	4,981	4,887	4,837	4,724	4,652	4,546	4,453
上益城郡	13,695	13,711	13,600	13,591	13,544	13,420	13,300	13,192	12,895	12,750
八代郡	2,023	1,998	1,960	1,913	1,827	1,786	1,756	1,736	1,705	1,674
葦北郡	4,573	4,510	4,424	4,335	4,605	4,564	4,469	4,088	4,024	3,979
球磨郡	7,652	7,506	7,321	7,186	7,088	6,963	6,862	6,690	6,634	6,604
天草郡	1,536	1,500	1,475	1,474	1,444	1,426	1,398	1,392	1,384	1,369

熊本県における熊本日日新聞のABC部数の変遷（2017年～2021年）。部数がロックされているケースは全く確認できない。熊本日日新聞は「押し紙」政策を採用していない。

念のためにわたしは、ロック状態がないかどうかを調べてみた。その結果、ロックされた箇所はまったく確認できなかった。他社との著しい違いが確認できる（上の表を参照）。

熊本日日新聞が「押し紙」政策を廃止したのは、『熊日50年史』によると、1972年10月である。今からちょうど50年前である。当時の販売部長が信濃毎日新聞の販売政策に触発されて、「押し紙」、あるいは「積み紙」の廃止を宣言した。社内には反対の意見も強かったそうだが、販売部長は改革を進めた。「押し紙」政策を廃止した結果、店主の士気があがり、熊本日日新聞の部数は急増したという。

定数主義を考える上で、熊本日日新聞の例は、正常なビジネスモデルとして模範になるのである。

第6章　ABC部数の裏面

残紙の実態が社会問題として広く認識されてこなかった原因のひとつにABC部数が高いステータスを獲得している事情がある。大半の人は、ABC部数は新聞の実配部数をおおむね反映していると考えてきた。その中に「押し紙」が含まれていることなど想像だにしない。

しかし、実情は異なる。ABC部数には、「押し紙」が含まれている。そのことは第5章で示した地域単位の部数ロックの実態を見るだけで推測できるだろう。地域全体の新聞の実配部数が1年以上にわたって1部も変化しないことなどまずあり得ない。

本章では、日本ABC協会による新聞の部数調査、つまりABC公査の杜撰な実態と、それによって生じるデータの信頼度を検証しよう。それにより読者は、ABC公査が、新聞社の「押し紙」政策をほう助する役割を果たしていることを知ることができる。

◇ABC部数とは何か

まず、ABC部数についての日本ABC協会の説明を紹介しよう。日本ABC協会は、ABC部数の性質についてどのように考えているのか。これについて同協会は、ウェブサイトで次のように説明している。

新聞や雑誌の広告料金は、部数によって決まります。ABC協会は、第三者として、部数を監査（公査）し認定しています。この認定された部数がABC部数です。対して、公称部数（自称部数）とは、ABC協会に参加していない発行社が自社発表しているもので、数倍から10倍以上の部数を自称している場合があります。合理的な広告活動を行うため、発行社の自称ではない、第三者が確認した信頼出来るデータであるABC部数をご利用ください。

この引用を読む限り、言外にABC部数は実配部数を反映していると説明している。しかし、本書で検証してきたように、実際にはABC部数は大量の残紙を含んでいるわけだから、実配部数とはかけ離れている。残紙の中身が、旧来の定義で言う「押し紙」であろうが、「積み紙」であろうが、過剰な部数が公式の部数として計上されているのである。

ちなみに海外では、日本の新聞の発行部数についての疑惑が広がっている。たとえば英語版のウィキワンドは、世界の新聞発行部数に関する記述の中で、日本の新聞社の発行部数について、次のような但し書きを付している。

一部の数字に関しては議論がある。日本の新聞部数は押し紙（過剰供給による誇張）に影響されているのではないかという主張にずっとさらされてきている。[Some figures are disputed; the numbers for Japanese newspapers have been subjected to claims of "oshigami" (exaggeration by over-supplying papers to businesses)]

日本ABC協会が発行する『ABC REPORT（新聞発行社レポート）』。半期ごとのデータ、地域別など様々なデータがある。

ＡＢＣ協会が定期的に部数の公査を実施しているにもかかわらず、なぜＡＢＣ部数は、実配部数を反映しないのだろうか。結論を先に言えば、それはＡＢＣ公査の際に新聞社と販売店が残紙を実配部数に偽る工作を行っているからにほかならない。

しかし、この点に踏み込む前に、日本

ＡＢＣ協会の運営体制に言及しておこう。役員構成を見るだけで、同協会が新聞社の補完勢力であることが裏付けられる。

◇ＡＢＣ協会と新聞社の深いつながり

ＡＢＣ協会のウェブサイトによると、「ＡＢＣ協会は、第三者として部数を公査（監査）し、発表・認定している機構」で、「広告の売り手である発行社と、買い手である広告主、仲介する広告会社の3者で構成」されている。

ローカル紙は別として、日刊紙を発行する新聞社のほとんどがＡＢＣ協会へ加盟している。２０２０年2月時点における日本ＡＢＣ協会の役員構成は以下に紹介する通りだ。

会長：１名
専務理事：１名
新聞発行社：13名
雑誌発行社：３名
専門紙誌発行社：１名
広告主：12名

広告会社：５名
幹事：５名（新聞社１名、雑誌社１名、広告主２名、会計士１名）

役員総数は41名で、そのうち14名（幹事１名を含む）が新聞社に所属している。広告主のカテゴリーに入る16名（会長、専務理事、幹事２名を含む）には数で劣るが、新聞社は巨大な発行部数を武器に、ＡＢＣ協会の中でも強い影響力を保持しているのだ。たとえば出版関係者は、自社の刊行物が新聞の書評欄で取り上げられると、書籍の売り上げに貢献するので、新聞人との関係を重視する傾向がある。また、週刊誌記者の多くは、新聞記者から情報提供を受ける機会が多いので、新聞記者との関係を重視する傾向がある。

広告主も、新聞記事が自社製品を記事でＰＲしてくれることを期待して、新聞社と良好な関係を保とうとする。逆に新聞社との関係が悪化すると、自社が紙面でバッシングされるリスクが生じる。

いずれの業界も新聞社とはビジネスパートナーの関係にあるのだ。したがってＡＢＣ協会がみずから、新聞社の「押し紙」問題にメスを入れることはまずあり得ない。巨大部数を背景とした新聞社の影響力がこうした歪んだ関係を生んでいるといえる。

◇ABC公査をかいくぐる伝統的手法

ABC部数は、新聞社がABC協会に申告した新聞の発行部数である。新聞社からの部数の申告制度を維持した上で、ABC協会は定期的に公査を実施している。公査は、販売店に対しては、抜き打ち方式で行う。

しかし、公査の抜き打ち方式は体面上のことで、ABC協会は公査対象の販売店を決定すると、その販売店の管理下にある新聞社へその旨を通知する。通知を受けた新聞社は、それを販売店へ知らせる。

公査対象に指定された販売店は、帳簿上（電子を含む）で残紙を実配部数に偽るための各種の事務処理を行う。事務処理の中身は、読者名簿の改ざんやニセ領収書の発行などである。

これらの不正行為は昔から当たり前に行われてきた。過去と現在が異なる点は、かつては手作業によるデータの改ざんを行っていたが、現在はパソコンを使った改ざんを行うことである。

実数改ざんについて、まず昔の事務処理を紹介しよう。1990年代、パソコンがまだ十分に普及していない時代に一般化していた手口である。これについて毎日新聞販売店の元店主・高屋肇氏（故人）は生前に次のように話していた。

「残紙を実配部数に偽るために、わたしはニセの読者名簿を作成していました。新聞社が販売店に

ＡＢＣ公査の対象になったことを知らせてくると、近隣の販売店の支援を受けて、総手でニセの読者名簿と、それに整合したニセの順路帳（注：新聞の配達順路を示した地図）を作っていました」

「押し紙」には読者がいないわけだから、それを実配部数に偽るためには、まず第一に読者名簿に「押し紙」の架空読者を加える必要がある。その作業を迅速に、しかも機械的に進めるために、複数の著名人の名前と姓を組み合わせて、名簿上の偽名読者にしていたという。

たとえば、歌手の「加山雄三」と「島倉千代子」を組み合わせて、「加山千代子」や「島倉雄三」といった偽名読者を作る。政治家の「佐藤栄作」と「吉田茂」を組み合わせて、「佐藤茂」とか、「吉田栄作」といった偽名読者を作る。冗談のようであるが、実際に行われていた行為なのだ

架空読者の住所も帳簿に記入する。たとえば実際にある5階建てのマンションを8階建てに想定して、6階から8階の架空の住居を架空読者の配達先として割り当てる。

架空読者に発行する領収書も準備する。さらに架空読者の自宅位置を新聞配達の順路帳に適当に書き込む。高屋氏によると、ＡＢＣ協会の職員が公査の際に自分の足で順路帳を実地検証することはなかったという。

このようにして帳簿上では、販売店に「押し紙」が1部もない状態を捏造する。そしてそれに整合して、架空読者の読者名簿や領収書などを準備するのだ。

このような改ざん方法については、高屋氏だけではなく、多くの元販売店主が告発している。

◇コンピューターを使ったABC公査対策

現在は、改ざんの対象はパソコンに保存されたデータが主体となっている。もちろん順路帳については電子化されていないので、従来通りの改ざんを行う。

現在の改ざん作業を具体的に紹介しよう。どのように偽りのデータや書面を偽造するのだろうか。それを取材するために、わたしは兵庫県西宮市にひとりの元販売店主を訪ねた。

板見英樹氏は、毎日新聞の2店の販売店を経営していた。現役の販売店主だった2016年9月、帳簿類の改ざん作業を代行していた「実行者」から、その手口を聞き出して録音した。

改ざん作業の実行者は、新聞販売店に導入されているコンピューターのメンテナンスを担当しているD社の社員である。

改ざん方法はいたって単純なものだった。まず、最初にコンピューターに登録されている読者名簿などのバックアップを取っておく。それから本格的な作業に入る。

最初のステップは、読者名簿の改ざんである。D社の社員は、販売店がコンピューターに保存している「過去の新聞購読者データ」を「現在の読者」(現読)に登録変更する。変更対象の人数は、ほぼ残紙部数に整合させる。それにより帳簿上では、新聞の搬入部数と実配部数の間に不自然な乖離のない状態を作り出す。

こうして改ざんした読者名簿を基にして、領収書をプリントアウトする。次にその領収書のバーコードを読み込む。すると入金一覧表なども自動的に更新される。複数のニセ書類と他の書類が整合性を持つ状態を作り出す。

この方法で改ざんした書類を日本ＡＢＣ協会の職員が公査するのである。その結果、ＡＢＣ部数に多量の「押し紙」が含まれていても、適正な部数として認定されてしまうのだ。日本ＡＢＣ協会の職員が、こうした手口が販売店の間で一般化していることを認識しているかどうかは不明だ。

◇録音された改ざん手口の全容

板見氏が、改ざんの手口を聞きだそうと考えた発端は、Ｄ社の社員が板見氏の販売店を訪れたことだった。この社員は板見氏に、領収書を高速で自動裁断（切り取り線を入れること）できる機械（「卓上シートバースターＶ‐４１７」）を貸してほしい、と言うのだった。

新聞の扱い部数が５００部にも満たない小さな販売店は、自動裁断機のような高価な機械を備えていないが、板見氏の販売店は規模が大きいこともあって、この機械を使っていた。板見氏が言う。

「なんでわざわざ借りにきたのかと思って問うてみますと、神戸市の新聞販売店にＡＢＣ公査が入る予定があり、それに先だって、Ｄ社がデータを改ざんすることが分かったのです。大量のニセ領収書を作って、それを裁断するために、高速の裁断機が必要だったわけです」

ＡＢＣ公査が入る予定になっていたのは、板見氏が新聞販売の仕事を始めたころに勤務していた

ABC 部数改ざんの手口を、改ざんを担当していた D 社の社員が話した。その会話が収録された YouTube。音声は、次の URL からアクセスできる。https://www.youtube.com/watch?v=MWzoTYQd5sU

神戸市内の新聞販売店だった。そんなこともあって、板見氏は要請に応じた。社員は、車に機械を積み込み、板見氏の店舗を後にした。書類改ざんの舞台となる神戸市内の販売店へ裁断機を運んだのである。

この販売店へＡＢＣ公査が入った日の夕方、板見氏は改ざん作業を代行したＤ社の技師Ｓを自店に呼びつけた。改ざん方法を聞き出すことが目的だった。

技師Ｓとしても、板見氏から裁断機を借りた手前もあり、また板見氏の販売店が自社の取引先だった事情もあって要請に応じた。

板見氏が、技師Ｓを呼びつけた口実は次のようなものだった。自店には「押し紙」が多量にある。その自店にＡＢＣ公査が入ることもあり得るので、予備知識として、帳簿類を改ざんする手口を教えてほしいというものだった。

それに応えて技師Ｓは、改ざんの手口を詳細に語ったのである。

改ざん方法について板見氏が、次のように問うた（記録性を重視して、会話は反訳のまま）。

板見：あれは数字をやるわけ、あれはどうやるんですか？

技師Ｓ：過去読《かこどく》を起こす。

「過去読」とは、かつて新聞を購読していた読者を意味する。元読者のことである。これに対して現在新聞を購読している読者は、「現読」という。したがって、「過去読を起こす」とは、過去に新聞を購読していた読者を、現在の購読者として読者名簿に再登録するという意味である。登録した時点で偽りの読者が生まれる。

新聞販売店のコンピューターには、「現読」は言うまでもなく、「過去読」の名前や住所なども保存されている。それをボタンひとつで、現在の読者に変更することができる。板見氏が言う。

「過去読は赤色で表示されます。死亡した人や転居した人は、抹消しますが、それ以外は、セールスの対象になるので保存します。今、他紙を取っていても、再勧誘の対象になるから保存しておくのです」

板見氏は、これらの改ざん作業について、次のように技師Ｓに確認した。

板見：まあいえば、現在（新聞が）入っていないお客さんでも、入っているようにして、それでデータを全部作ってしまう？

技師S：うん。

すでに述べたように、改ざんの第2ステップは、改ざんした読者名簿に基づいた領収書の発行である。

板見：1回証券も全部発証してしまう？

証券を発証するとは、読者名簿（厳密には発証台帳）を基に領収書をプリントアウトするという意味である。このプロセスについて板見氏は念を押したのである。これに対して技師Sは「します」と答えた。

ちなみに、プリントアウトする偽領収書の対象月数については、板見氏が質問する前に、技師Sがみずから説明した。

技師S：お店によってちがうんですけど、まあ3カ月ぐらいを。

板見：ほーおー。

板見氏の驚きの声が録音されている。あまりにも大胆不敵な不正行為に面食らっているようだ。

◇改ざん作業の日は有給日の形式

さらに、技師Ｓは、毎日新聞の販売店だけではなく、Ａ新聞、Ｂ新聞、Ｃ新聞の販売店でもＡＢＣ部数の改ざん作業をやっていると述べた。次の会話である。

技師Ｓ：９月の１週にＡさん、２週にＢさん、３週に毎日さん、４週にＣさん、そんなふうに割り当てて。読売さんは抜けていますが、そういうかたちで、２年に１回、９月前後にやっています。

次に板見氏の妻が技師Ｓに質問した。ＡＢＣ公査が入ることを新聞社から通知された販売店は、直接Ｄ社に対して読者数の改ざん作業を依頼することになっているのか、という質問である。

板見氏の妻：もしそうなったら（注：もしＡＢＣ公査が入ることになったら）、わたしらがＳさんを呼ぶん？

技師S：基本的には。

さらに技師Sはその理由として、新聞社が改ざん作業を依頼することはジャーナリズム企業という立場上、都合が悪いからだとも述べた。しかし、改ざん作業を引き受けることは、D社にとっても企業コンプライアンスに反する。ある意味で迷惑なことなのだ。

そこで改ざん作業の日は、D社の担当者が有給を取って販売店に赴き、社員としてではなく、個人の立場で改ざん作業をするのだという。技師Sの説明に板見氏は驚きを隠さない。

板見：ほーおー。

ここで板見氏の奥さんが、改ざん作業当日の社員の勤務形態について次のように再確認した。

板見氏の妻：（注：D社の社員が）出勤していないということにして？

技師S：そのへんちょっとややこしい……。

板見氏の妻：ああそうなんですか。

念のためにわたしは、技師Ｓが所属するＤ社に一連の手口について問い合わせてみた。Ｄ社は、事実関係を認めた上で、「今後、こういうこと（注：作業の依頼）があったらやらない」と答えた。

一方、毎日新聞（大阪本社）からは、次のような回答があった。

２０１８年11月14日付の「質問状」を拝受致しました。

貴殿がご質問にあたり前提とされている「録音」がそもそも如何なるものか知り得る立場になく、また貴殿のご判断を前提に「疑惑」があるとされ、ご質問をいただきましても、お答え致しかねるところです。

上記、取り急ぎ、ご回答申し上げます。

さらにＤ社が改ざん作業を請け負ったとされるＡ新聞、Ｂ新聞、Ｃ新聞の広報担当者は、それぞれ次のようにコメントした。

Ａ新聞：具体的な指摘でなく、根拠も不明なご質問には、お答えしかねます。

Ｂ新聞：［口頭で、回答しないとの電話によるコメントがあった］

Ｃ新聞：取引先販売店の業務に関する事案であり、コメントする立場にありません。

板見氏が録音した技師Ｓの説明は、日本の新聞業界の恐るべきモラルハザードを物語っているが、新聞社にそれを改めようという姿勢はまったくない。

もちろんすべての新聞社に「押し紙」があり、板見氏が内部告発した方法でＡＢＣ公査に対応しているとは限らない。たとえば、すでに述べたように熊本日日新聞などは、販売店が自分で「注文部数」を決める「自由増減」の制度を導入している。予備紙の部数も搬入部数の１・５％に決めており「押し紙」問題とは無縁なので、ＡＢＣ公査の対策を取る必要もない。

◇裁判所がＡＢＣ部数改ざんの事実を認定

ＡＢＣ部数の改ざんの手口については、裁判所が「押し紙」裁判の判決の中で事実認定したこともある。第3章で紹介した佐賀新聞・吉野ヶ里販売店のケースである。

判決によると、佐賀新聞の販売局員は、原告の店主が現役だった時期に販売店の会合で講演を行ったことがある。その際に「ＡＢＣの公査にあたり」と題するレジュメを配布した。そこには次のような記述があった。専門用語が多くて、分かりにくい文面なので、重要部分を引用した後、解説を加えよう。

自店の帳票（読者台帳・発証台帳）から正確な実配部数を計算して、予備紙数・予備紙率を出します。予備紙率が高ければ実配部数に調整が必要かと思われます。調整の理由としては、ＡＢＣ部数は透明性の高さが問われ、佐賀新聞部数の信頼度に繋がるからです。

この引用文は次のような論旨である。販売店には帳票類がある。その帳票類を点検することで、販売店は予備紙（残紙のこと）部数と予備紙率（残紙率のこと）を自己点検する。そして予備紙が多い場合は、それを実配部数に偽るために、帳票類を改ざんする。こうしてＡＢＣ部数を水増しすれば、発行部数が多い新聞社として、佐賀新聞の信頼向上にもつながる。

これが文書「ＡＢＣの公査にあたり」の論旨である。

あらためて言うまでもなく、データの改ざんが行われる背景にはＡＢＣ公査に際して「押し紙」

を隠蔽しようとする意図がある。「押し紙」に苦しんでいる販売店にしてみれば、日本ＡＢＣ協会の公査を機として、残紙の実態を暴露したいというのが本音だが、それは自店が廃業に追い込まれる高いリスクを伴う。新聞社が残紙を指して「積み紙」だと開き直れば、不正取引を理由に強制改廃の対象にされる。また、残紙が多ければ営業不振と見なされ、やはり強制改廃の対象にされかねない。

結局、販売店は新聞社の方針に従って、帳簿類の改ざんに走らざるを得ないのである。業界の慣行を無視するわけにはいかない。

以上の実態からも分かるように、ＡＢＣ部数の偽装工作は、新聞社の「押し紙」政策と連動しているのである。

第7章　残紙が強引な新聞拡販の原因に

新聞販売店が「押し紙」を嫌う理由は大別して二つある。

第一の理由は、「押し紙」により経済的負担が増えることである。販売店は、「押し紙」の卸代金を新聞社に納金するので、残紙が多ければ多いほど出費が増える。販売店にとっては大きな負担だ。

第二の理由は、旧来の定義で言う「積み紙」を口実として新聞社から強制改廃を宣告されるリスクを負うからだ。

新聞社は販売店に対して表向きは、「積み紙」をしないように「指導」している。過去に発生した販売店の強制改廃事件では、「積み紙」が改廃理由になったケースも少なくない。「積み紙」によって広告主を欺き、新聞社の信用を毀損したから、改廃は妥当な処分だという論理である。

大阪府で昔こんな事件があった。ある早朝に新聞社の担当員が、かねてから相性が悪かった販売

新聞販売店から残紙を回収する光景。

主を店舗に訪ねた。店舗には、残紙が山積みになっていた。

新聞配達員が、配達に出た後の時間帯だったので、店舗に人影はなかった。そこで担当員は、2階の事務所に通じる階段を見上げて、声をかけた。すぐに老店主が階段を下りてきた。

担当員は、いきなり店舗に積み上げられている残紙を指さして、

「これ、なんや?」

と、言ったという。

「あんた、紙を積んでいたのか?」

「紙を積む」とは、「積み紙」をするという意味である。店主は面食らった。繰り返し「注文部数」を減らすように申し入れていたからだ。担当員の開き直りにあきれて声が出なかったという。

その後、この店主は、実際に販売店を改廃された。店主は、弁護士に新聞社が「積み紙」だと指

摘した新聞は、「押し紙」だと主張したが、それを立証する証拠は何もなかった。実際、帳簿上では、販売店が新聞の部数を決めて、それを発注していた。それを承知の上で、担当員はこのような詭弁を使ったのである。

こうした実態があるので販売店は、高い景品を使ってでも、新聞拡販活動に奔走して残紙を減らす努力をせざるを得ない。いわば残紙が新聞拡販の「鞭」として作用しているのである。

◇国民生活センターに寄せられた新聞拡販の苦情

かつて販売店は不特定多数の住民に対して強引な新聞拡販を行うことが多かったが、近年はターゲットを高齢者に絞る傾向がある。もちろん高齢者以外に対しても勧誘活動を行うが、若い世代はもともと新聞を読まないので、拡販の対象が相対的に高齢化している。そのために高齢者が新聞拡販のトラブルに巻き込まれるケースが増えている。

地方自治体の中には、ウェブサイトで新聞拡販に対する注意を呼び掛けているところもある。たとえば東京都は、「強引な新聞購読契約の勧誘に注意しましょう‼～特に高齢者の契約トラブルが目立ちます！～」（２０１９年1月18日）というタイトルで三つの相談事例を紹介している。

【事例１】　１人暮らしの母は半年ごとに新聞の購読契約をしていたが、昨年、視力が落ちて新聞を読めなくなったので、契約終了と同時に購読をやめた。その後、また新聞が配達されていたため母に確認したところ、半年前に勧誘員が来訪し、「契約件数が足りないので、やめてもいいから契約して欲しい」と頼まれ、契約したと言う。その際、母は以前と同じ半年の契約のつもりだった。先日母が入院することになったので、販売店へ「今月で契約終了なので来月から配達しないでほしい」と連絡したところ、「契約は1年間なので解約はできない」と言われて困っている。（契約者　80歳代　女性）

【事例2】 母の家で、新聞購読契約書を見つけた。契約日は2年半前で購読期間は今月から1年間となっている。母は当時から認知症で新聞は読めない状態であった。現在、母は入院中で、当時の状況を聞いても、契約したことを覚えていない。契約を解除したい。（契約者　80歳代　女性）

【事例3】 2か月前、新聞の勧誘員が来訪し、購読契約を勧められたが、目が悪いので断った。しかし、景品の洗剤8個入り2箱、米（10kg）2袋を次々と差し出し、帰ろうとしない。早く帰って欲しかったので、契約書にサインしてしまった。翌日、契約書を確認すると、半年後から1年間の購読期間となっていた。半年も先の契約を強引にさせられたので解約したい。景品を受け取ってしまったので解約できないだろうか。（契約者　90歳代　女性）

埼玉県も、「新聞購読契約に関するトラブルに注意しましょう！」というタイトルで次の二つの相談事例を紹介している（2020年2月25日）。

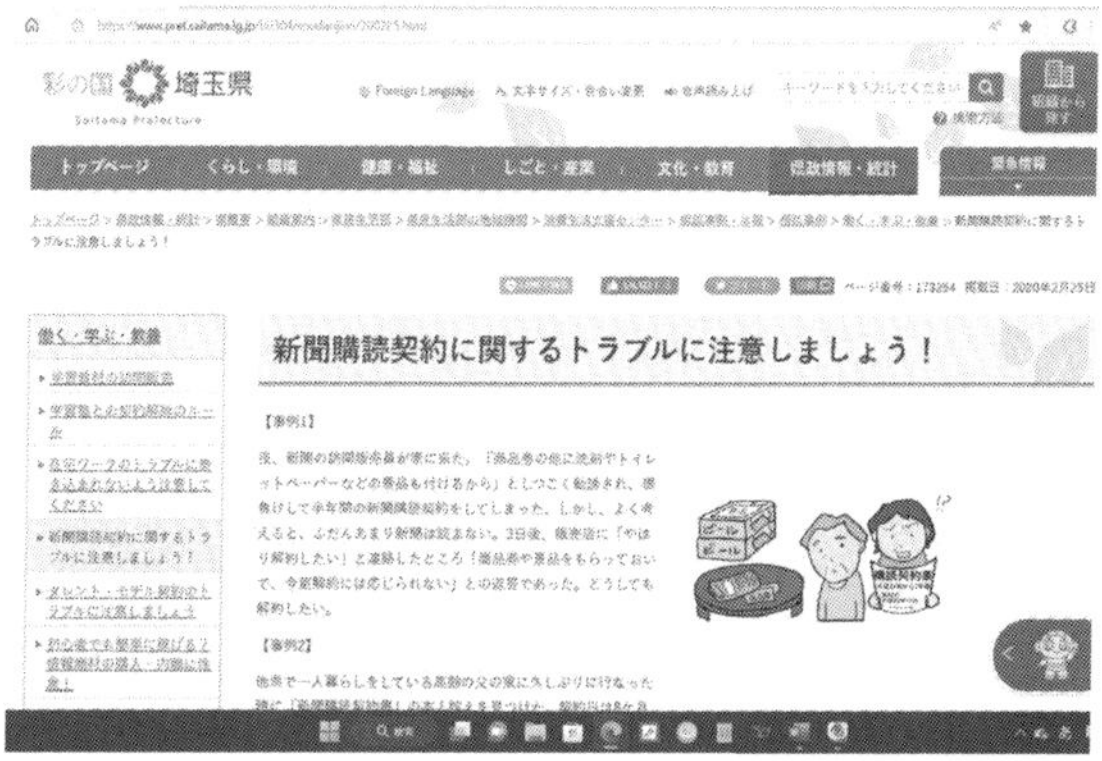

悪質な新聞拡販に注意を呼び掛ける埼玉県のウェブサイト。

【事例1】夜、新聞の訪問販売員が家に来た。「商品券の他に洗剤やトイレットペーパーなどの景品も付けるから」としつこく勧誘され、根負けして半年間の新聞購読契約をしてしまった。しかし、よく考えると、ふだんあまり新聞は読まない。3日後、販売店に「やはり解約したい」と連絡したところ「商品券や景品をもらっておいて、今更解約には応じられない」との返答であった。どうしても解約したい。

【事例2】他県で一人暮らしをしている高齢の父の家に久しぶりに行った時に「新聞購読契約書」の本人控えを見つけた。契約日は8カ月前で、今月から配達開始で1年間の契約となっていた。父は認知症で、この契約の内容を聞いてもよく覚えていない。今から解約できないだろうか。

◇消費生活センターによる措置命令

高齢者に対する強引な新聞拡販活動がエスカレートする状況の下で、２０１９年3月、大阪府消費生活センターが産経新聞と系列の販売店２店に対し、新聞拡販のルールを守るように求めた措置命令を発動するに至った。また、同年の12月には毎日新聞系列の販売店3店に対しても、やはり措置命令を下した。

措置命令の根拠となったのは、景品表示法違反（独占禁止法の特例法）である。

景品表示法は、新聞の拡販活動の際に使う景品類の金額を制限している。俗に「６・８ルール」と呼ばれ、上限は6カ月分の購読料の8％となっている。この額を超えると違法行為である。

中央紙の「朝刊・夕刊セット版」の場合は、購読料が４０００円程度であるから、その8％にあたる１９２０円程度が上限額となる。

この「６・８ルール」については、新聞協会も自主ルールを設けて徹底を図る体制を取っているが、実際には守られていない。絵に描いた餅の典型といえよう。

大阪府消費生活センターの発表によると、産経新聞は販売店に対して新聞拡販の際に、高価な景品を使うように指導していた。報告書は次のように拡販の実態を記述している。

この景品類には、電動アシスト自転車（８万１０００円相当）をはじめとする告示制限の範囲を超える過大な景品類が含まれており、告示制限の範囲を超える過大な景品類を発注していた販売店の中には、本社管理店と称する産経新聞社直営の販売店や産経新聞社の子会社が運営する販売店が含まれていた。

また、大阪府消費生活センターは、２０１９年12月、毎日新聞系列の販売店に対しても措置命令を下した。理由は、「一般消費者と毎日新聞の購読契約の締結に際し、３千円から1万円の商品券を提供していたほか、値引きや無料月の設定、スポーツ紙の無料提供などを行っていた」ことである。

◇「紙新聞」を配達する時代の終わり

措置命令が発令されたことを受けて、わたしは産経新聞大阪本社の管内における産経新聞の拡販活動の実態を調査した。読者が急激に減り、その反動で「押し紙」が増え、拡販活動のプレッシャーが高まっていることを示唆するいくつかの資料も入手した。

まず、部数減の実態を紹介しよう。たとえば大阪市の産経新聞販売店で組織する大阪市産経会の

「増減経過」と題する資料によると、2018年4月における新規獲得読者数と購読中止読者数は次の通りである。

新規獲得読者数：1041人
購読中止読者数：1559人

新規獲得読者数から購読中止読者数を差し引きすると産経新聞は、4月単月で518人の読者を失ったことが分かる。こうした状況の下で、産経新聞は大胆な拡販戦略に踏み出すことになる。たとえば2018年4月の拡販計画では、景品としてテレビを使用する計画が盛り込まれていた。投入するテレビの台数は、大阪市全体で188台である。それと引き替えに新聞の長期購読契約を狙ったようだ。

しかし、高額な景品を使った拡販は、すでに述べたように大阪府消費生活センターによる措置命令を招いてしまった。

実は大阪府消費生活センターが措置命令を発令した前年の2017年、産経新聞のある販売店が、一人の読者に対して、未払いの新聞代金を支払うように求めて簡易裁判所へ提訴していた。この裁判は、強引な新聞拡販と「押し紙」の表裏関係を考える上で示唆に富んでいる。

原告の販売店主の訴えは、被告（読者）との間で新聞購読契約を締結したにもかかわらず、ある時期から新聞代金の支払いが履行されなかったので、契約が終了するまでの期間の購読料を全額支払えというものだった。

販売店から訴えられた被告の男性読者は、交通事故で重傷を負い、そのまま郷里に帰省して療養生活に入ったために、新聞の購読料支払いを怠った事情があった。この男性は、新聞購読契約を交わす際に、販売店から景品としてビール５ケースを受け取っていた。契約期間は、５年契約が２回、合計で10年にも及んだ。

裁判の結論を先に言えば、原告の販売店が訴えを取り下げて裁判は終了した。訴訟を取り下げたのは、判決になっても勝ち目がなくなったからだ。

被告代理人の江上武幸弁護士は景品表示法の「６・８ルール」違反を指摘して、公序良俗違反（民法90条）を理由に、契約そのものの無効を主張した。「６・８ルール」というのは、繰り返しになるが、景品の上限額を定めたルールである。６カ月分の新聞購読料の８％を上限とするルールである。産経新聞の場合は、１９２０円程度である。

しかし、このケースでは、景品としてビール５ケースを提供していたわけだから、限度額をはるかに上回っていた。それを理由として、裁判所は契約そのものが無効と判断する公算が強くなった。そこで「敗北宣告」を受ける前に、原告の販売店がみずから訴訟を取り下げたのである。

この裁判の結末について、大阪市内のある販売店主は複雑な心境をもらした。

「わたしは原告販売店に同情します。というのもこの店主の場合、拡販時に高額な景品を『投資』していているわけですから、裁判を起こしてでも購読料を徴収しなければ、『投資』を回収できないわけです。赤字になるわけです。『押し紙』さえなければ、こんな大型の新聞拡販はしないでしょう」

高い経費を「投資」したがゆえに、裁判を起こしてでも、「投資」を回収せざるを得なくなったというのだった。高価な景品を投入して、長期の購読契約を結ばせるのは、一種の「押し紙」対策だったともいえる。かねてから問題になってきた強引な新聞拡販活動の責任が、新聞社の「押し紙」政策にあることがあらためて明確になったのである。

第8章　新聞ジャーナリズムと制度の問題

ジャーナリズムを検証する際の着目点について、新聞研究者の故・新井直之氏は次のように提言している。

新聞社や放送局の性格を見て行くためには、ある事実をどのように報道しているか、を見るとともに、どのようなニュースについて伝えていないか、を見ることが重要になってくる。ジャーナリズムを批評するときに欠くことができない視点は、「どのような記事を載せているか」ではなく、「どのような記事を載せていないか」なのである。（『ジャーナリズム』東洋経済新報社）

新井氏の提言を指標に実際の報道を検証してみると、たとえば旧統一教会に関する報道には大きな問題点がある。それは新聞が報道を開始したタイミングがあまりにも遅いことだ。

旧統一教会による高額献金や霊感商法の問題は1970年代の中ごろから深刻な社会問題化し始めていた。それにもかかわらず、新聞が本格的にこの問題を報じるようになったのは、2022年7月に安倍晋三元首相が狙撃された後だった。

しかし旧統一教会に関する問題はかなり以前からあった。世論に一定の影響力を持つ『しんぶん赤旗』がこの問題を執拗に報じていたほか、週刊誌やテレビも限定的ではあるが、報じたこともある。当然、新聞関係者は、旧統一教会の実態を認識していたはずだが、報道は極力控えたのである。本格的に報道を開始したのは、報道で生じかねないバッシングのリスクがないことを確認した後である。

さらに新聞は、現在進行している新世代公害——化学物質や電磁波による人体影響——もほとんど報道の対象にしていない。とりわけ電磁波問題を取り上げることを避けている。5G通信に象徴される無線通信網の普及という国策を進める上で障害になる上に、5G通信に関係する大企業が新聞・テレビの大口広告主である事情が背景にある。

電磁波による人体影響は、欧米では社会問題として浮上しており、メディアも普通に報じているが、日本ではジャーナリズムの対象にすらならない。その結果、日本人のかなりの層は、電磁波問題とは何かを知らない。

ウクライナ問題についても日本の新聞は、米国CNNなどの西側メディアによる情報の後追い報道である。政府がウクライナの「キエフ」を「キーウ」に変更すると、すぐさまそれに追随する従順さだ。ロシアの側からも現地取材するというのが、ジャーナリズムの基本原則なのだが、それさえ踏み外している。ウクライナ戦争は、資本主義がグローバル化する状況下におけるEUとNATOによる東方への勢力拡張という視点をほとんど欠いている。

メディア関係者は、「何を報じてはいけないか」を直感的に嗅ぎつけている可能性が高い。このような実態について、作家・辺見庸氏の『不安の世紀から』（角川書店）に収録された「オウム事件とメディアの荒廃」という一文は、示唆に富んでいる。日本社会には、「イナーシア」が存在するというのだ。「イナーシア」とは、慣性、あるいは軌道を保持しようとする力を意味する。「慣性の法則」に支配された状態である。慣習や社会秩序を維持しようとする力ともいえる。

新聞社の企業としての存続を危うくする権力批判は、組織の秩序を乱す言動として回避する。たとえ批判しても手加減したり、報道のタイミングを調整することで、批判の対象者が壊滅的なダメージを受けないように配慮する。決して、相手に「とどめを刺す」ことはない。それを基本原則とする。

こうした慎重で中途半端な方針を取るのは、ジャーナリズムから完全に批判精神を除外してしまうと、新聞社としてのステータスが地に堕ちると自覚している一方で、公権力に決定的な打撃を与えることを恐れているからにほかならない。したがって、枠内での言論の自由は保障するが、それはあくまでも企業としての新聞社が存続するための軌道を外れないことが前提とされるのだ。自粛とはまさにこのことなのである。
辺見氏はこうした実態を反映した記事の典型例として朝日新聞の天声人語を引き合いに出している。核心の部分を引用してみよう。

あれはだいたい七百四十字です。原稿用紙わずか二枚足らずで世界を論じ、善意を論じ、世の中を嘆いてみせる。そこにあるのはクソ人間主義的な底の浅いヒューマニズムであり、じつに楽天的な世界像の矮小化です。しかし、この非常に伝統的な「天声人語」的なるものが世の中の〝良識〟というものを形づくり、これら〝良識〟が堆積して、創造的意識を搾取し、無化し、イナーシアを全体的に支えていると私は思います。そしてこの良識は、現状を打破したり、イナーシアを止めたり、あるいは方向を変えたりするようなものでは断じてない。適度の社会批判、多少の反省、それがわれわれの日常にとっては最もいいことなのだと、世の中はさして悪くもなく特別に良くもないと、そう説いているのであると、私は皮肉として申し上げたい。

◇ジャーナリズムを骨抜きにする四つの要素

では、なぜ新聞社は辺見氏が指摘するようなイナーシアに支配されているのだろうか。わたしはその原因は新聞のビジネスモデルの中にあると考えている。記者個人の士気や精神面に問題があるのではなく、新聞社経営に関連した制度の中に問題があると考えている。結論を先に言えば、公権力機関を徹底批判する体制を敷くと、新聞社経営が立ちいかなくなるからにほかならない。

もちろん新聞記者の職業意識の低下をジャーナリズム衰退の要因とする論考が頭から間違っているわけではないが、それは枝葉末節にすぎない。根本的にメスを入れなければならないのは、制度上の問題なのである。

諸悪の根源となっている制度や、それに関連した政策には次のようなものがある。

１　再販制度
２　学習指導要領
３　新聞に対する軽減税率
４　「押し紙」を柱としたビジネスモデル

このほかにも記者クラブの問題などもあるが、若干性質が異なるので、ここでは言及しない。「１」から「４」は、いずれも公権力機関が殺生権を握っており、しかも新聞社に莫大な経済的利益をもたらす制度や政策である。したがってこれらの部分に関する国策が、新聞社経営を大きく左右する。以下、ひとつひとつを検証してみよう。

1　再販制度

再販制度の殺生権は、立法権や行政権、つまり国会議員の手に委ねられている。再販制度があるからこそ、同じ系統の販売店相互による価格競争がなくなり、新聞社と販売店は、販売網を維持できるのである。かりに販売店が自由に新聞の価格を設定できる制度になっていれば、自由競争の中で販売店の整理統合が起こり、大規模な販売会社が現れる可能性がある。そうなれば、新聞社は販売店に対して優越的な地位を維持できなくなり、「押し紙」政策の持続が困難になる。それは新聞社が多額の「販売収入」を失うことを意味しかねない。

現在、その殺生権を公正取引委員会や国会議員が握っている。

2　学習指導要領

新学習指導要領（2020年度）に、小学校、中学校、高等学校での新聞の使用が明記されている事実も見過ごせない。こうした文教政策が実現したのは、日本新聞協会が中心になって、NIE（教育に新聞を）運動を展開してきた結果である。

たとえば小学校5年生の社会科で身に付ける知識として新学習指導要領は、「放送、新聞などの産業は、国民生活に大きな影響を及ぼしていることを理解すること」を義務付けている。また、「聞き取り調査をしたり映像や新聞などの各種資料を調べたりして、まとめること」を指標にしている。

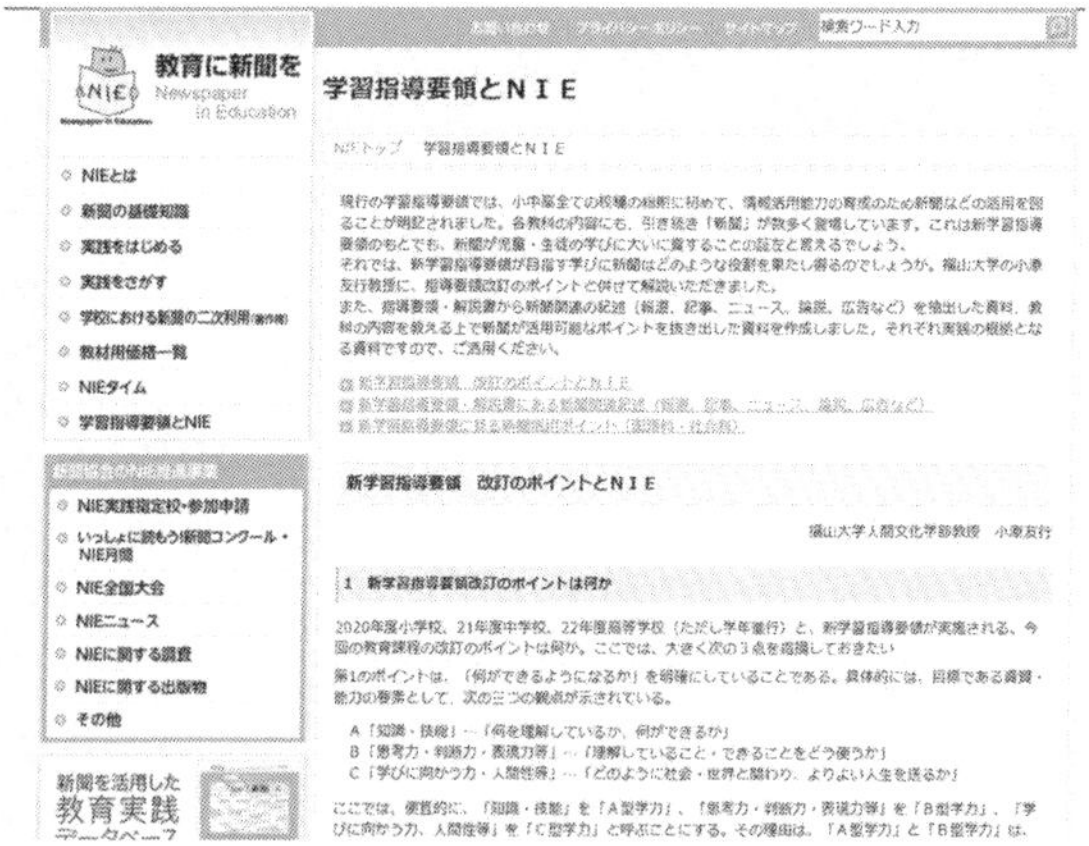

NIE（教育に新聞を）運動のウェブサイト。本部は日本新聞協会にあり、協会の職員が事務局を担当している。

中学校の学習指導要領になると、新聞・テレビを偏重する傾向は一段と露骨になる。「社会生活の中から話題を決めるときは、地域社会の中で見聞きしたことや、テレビや新聞などの様々な媒体を通じて伝えられることなどの中から話題をきめる」とか、なにか行事があるときは「新聞やテレビなどから得られた資料を紹介するなどして生徒の関心を呼び起こし、地域で行われる活動に生徒が参画したり、教室に招いて専門家の話を聞いたりするなどの学習活動が考えられる」などと明記している。

さらに高校になると、「日常的な話題について、新聞記事や広告などから必要な情報を読み取り、文章の展開や書き手の意図を把握する」と述べるなど、新聞を手本にして作文の技術を習得させることまで明文化しているのだ。はたして慣用句を散りばめた新聞の文章が日本語として最高水準なのか、はなはだ疑問があるが、そんなことはおかまいなしに新聞関係者は新学習指導要領に新聞の重要性を明記させたのである。

見方によっては、学習指導要領の改訂は、公権力機関が加勢した新聞販売政策の一端ともいえる。

学校教育の中に新聞を根付かせることで、新聞社が短期的に莫大な利益を得るわけではないが、新聞を普及させる目的は達成しているのである。長期的な視点に立てば、教育現場への新聞利用を学習指導要領に書き込むことに成功したことは、新聞産業に大きなメリットをもたらすのである。

そのための事業を、国と新聞社が一心同体となって進めている。

3　新聞に対する軽減税率

2023年現在の消費税率は10％であるが、新聞購読料金には8％の軽減が適用されている。新聞に対する消費税の軽減税率の適用を受けることで、新聞社は経営上の大きなメリットを得ている。この点を検証するために、中央紙を対象とした簡単な試算を紹介しよう。試算の前提は、次のような設定にする。

新聞の購読料は中央紙の場合、「朝刊・夕刊」のセット版がおおむね4000円で、「朝刊単独」

が３０００円である。ＡＢＣ部数は、両者を区別せずに表示しているので、ここでは全部数が「朝刊単独」の３０００円という前提で試算してみる。数字の誇張を避けるための措置である。

消費税が10％に引き上げられた直後の２０１９年12月におけるＡＢＣ部数は次の通りである。

朝日：５２８万４１７３部
毎日：２３０万４７２６部
読売：７９０万１１３６部
日経：２２３万６４３７部
産経：１３４万８０５８部

この部数に対して、税率が８％の場合は次のような消費税額になる。いずれも月ぎめの数値である。

朝日：12億６８２０万円
毎日：５億５３１３万円
読売：18億９６２７万円
日経：５億３６７４万円
産経：３億２３５３万円

これに対して税率が10％の場合は次のようになる。

朝日：15億8525万円
毎日：6億9142万円
読売：23億7034万円
日経：6億7093万円
産経：4億442万円

8％と10％の違いにより生じる差額は次のようになる。（）内は、年間の差異である。

朝日：3億1705万円（38億460万円）
毎日：1億3829万円（16億5948万円）
読売：4億7407万円（56億8884万円）
日経：1億3419万円（16億1028万円）
産経：8089万円（9億7068万円）

これらの数字が示すように新聞社は、国会が承認した消費税率の軽減措置により、計り知れないメリットを得ている。消費税は読者から購読料が徴収できない「押し紙」にも課せられるので、軽減税率は新聞社経営に大きな影響を及ぼす。

４　「押し紙」を柱としたビジネスモデル

しかし、あらためて言うまでもなく新聞社に最も大きな経済的メリットをもたらすのは、本書のテーマである「押し紙」である。公権力機関が「押し紙」を取り締まらないことで、新聞業界は莫大な利益を得る制度を維持してきた。それゆえに、「押し紙」は、メディアコントロールの最大の温床になっていると推測できる。逆説的に言えば、経済規模が尋常ではないからこそメディアコントロールの温床になるのだ。

「押し紙」により新聞社がいかに大きな販売収益を上げているかは、本書の「はじめに」で簡単に紹介したが、大切な点なので重複を承知の上で、再度その実態に踏み込んでみよう。

日本新聞協会が公表している「新聞の発行部数と世帯数の推移」と題するデータによると、２０２１年度における全国の朝刊単独発行部数は、約２５９０万部である。このうちの20％を「押し紙」と仮定すると、「押し紙」部数は５１８万部である。

これに対して販売店が新聞社に支払う朝刊１部の卸価格は、１５００円（月額）程度である。以上の設定条件を前提に、「押し紙」が生み出す金額を試算してみる。

卸価格1500円×「押し紙」518万部＝77億7000万円

ひと月の被害額が約77億7000万円であるから、年間の被害額はその12倍（12カ月分）になる。

77億7000万円×12＝932億円

本書の「はじめに」でも述べたようにこの金額は、統一教会による高額献金や霊感商法による被害額よりもはるかに巨額だ。統一教会による被害額は35年間で総額1237億円である。これに対して、「押し紙」による被害はたった1年間で932億円である。

両者の比較条件をそろえるために、「押し紙」による年間の被害額を35年ベースで試算すると、32兆6200億円という途方もない額となる。統一教会がもたらした被害額1237億円が、あたかも少額であるかのような錯覚に陥る。

しかも、これらの試算は数字の誇張を避けることに配慮して、全部数が「朝刊単独」という前提で計算しているのである。したがって「朝夕セット版」の「押し紙」による損害を加算すると、不正な「販売収入」はさらに増える。

また、これらの「押し紙」とセットになっている折込広告からも莫大な収益が発生する。「押し紙」によるABC部数のかさ上げで、紙面広告の媒体価値も相対的に高くなるので、紙面広告の収入も増える。

新聞販売店に積み上げられた「押し紙」（ビニール包装）と折込広告（新聞包装）。

第4章で紹介した毎日新聞を対象とした試算でも、「押し紙」により新聞社がいかに大きな利益を上げているかを示している。計算式の再引用は省略するが、すでに紹介したように、年間で約259億円である。これもやはり誇張を避けるために、毎日新聞の全部数が「朝刊単独」であるという前提で試算したものである。「押し紙」制度が新聞社にもたらす不正な「販売収入」は、消費税率の軽減制度など他の制度がもたらす利益に比べて桁外れに規模が大きい。

それゆえに公権力機関は、露骨に編集内容に介入するまでもなく、「押し紙」を取り締まるポーズを取るだけで、新聞関係者に公権力批判の自粛を促すことができるのである。利益の規模が莫大だから、メディアコントロールの道具になるのだ。

◇戦時体制と同じメディアコントロールの手口

しかし、実はこのような新聞社経営上の弱点に付け込んだメディアコントロールは、戦後になって生まれたものではない。戦前に採用されていたメディア政策をモデルとして、戦後に再構築された可能性が高い。歴史をさかのぼると共通したメディアコントロールの原理が見えてくる。

有山輝雄・東京経済大学教授の「総動員体制とメディア」(『メディア史を学ぶ人のために』に収録)によると、新聞の構造改革は、1938年に始まった。最初の段階は、「悪徳不良紙の整理」だった。次に、「弱小紙整理」だった。そして太平洋戦争が始まった1941年には、「1県1紙制」への統合が始まったのである。

「その結果、1938年秋段階には739紙であったのが、1942年4月15日には108紙に減少した」。新聞社の数が減ったことで、言論を監視する体制が容易になったことは言うまでもない。それが目的で公権力機関は、新聞社を整理統合したといっても過言ではない。

この構造改革を進めるにあたり、公権力機関が牽引役として導入した政策が、新聞用紙の配給体制だった。新聞社にとって新聞用紙の不足は死活問題だった。当時の公権力機関は、それを逆手にとって、メディアコントロールに利用したのである。このあたりの事情について、有山氏は次のように述べている。

当時の（注：新聞社の統合、構造改革の）切り札になったのは、新聞用紙の不足であった。原料を輸入に頼っていた新聞用紙の不足が顕著化するのは、１９３８年（昭和13年）頃からである。当初は製紙業界と新聞業界との話し合いで節約しようとしたが、調整がつかず、１９３８年８月、政府が強制的に新聞用紙の節約を命じた。このため各新聞社は減ページを余儀なくされたし、用紙の確保が各社の死活を制することとなったのである。これは、弱小新聞の廃刊、合併に大きな圧力となった。それだけでなく、各新聞社側に政府の政策に先取り的に迎合し、少しでも有利な立場を確保しようとする行動を引き起こすことになったのである。

実際、１９４０年に内閣情報部が交付した「新聞指導方針について」と題する文書は、新聞用紙の配給制度がメディアコントロールの道具になり得ることに言及している。核心の部分を引用してみよう。

幸ひここに新聞用紙供給の国家管理制度が現存する。現在商工省に於いてはこの用紙問題を単なる物資関係の「事務」として処理しているが、若しこれを内閣に引取り政府の言論対策を重心とする「政務」として処理するならば、換言すれば、政府が之によって新聞に相当の睨を利かすこととすれば新聞指導上の効果は相当の実績を期待し得ると信ずる。その具体案は、内閣に新聞用紙管理委員会を設置し、商工大臣は右委員会の議決を経て各新聞社に対する用紙配給量を決定することとする。

当時の政府は、露骨に新聞の紙面内容を検閲したわけではない。むしろ表向きは、新聞社の裁量を重んじたのである。言論の自由を保障したとまでは言えないにしても、表向きは新聞社の自主規制を尊重するポーズを取っていたのである。厳しく言論を統制するまでもなく、政府が新聞用紙の配給権を握っていたために、新聞の紙面内容に暗黙の圧力をかけることができたのだ。

有山氏の言葉を借りて言えば、戦前の「メディアが従順であったのは、差止命令に反して処分された場合の損害を回避し、協力することによって有利な用紙配給を得られるという企業的利益があったからである」。

戦前・戦中の新聞がジャーナリズムになり得なかった主要な原因は、記者の学識や士気の欠落といった精神的なものにあったのではなく、新聞社を経営する上で絶対的に不可欠な制度の中に存在していたのである。公権力機関は、この点に着目したのである。

戦後、日本の新聞社は、ＧＨＱによって「改革」を迫られた。ただ、「改革」といっても、それはあくまで「親米」と「反共」の世論形成を進める方向性を前提とした「改革」であって、真の意味でのジャーナリズムの導入のことではない。新聞社を米国のプロパガンダ機関として再建することを主眼としていた。

事実、後になって朝日新聞の緒方竹虎と読売新聞の正力松太郎が、ＣＩＡのスパイだったことが、米国公文書館の文書で明らかになっている。

このあたりの事情について、２０１３年1月23日付け『東京新聞』は、「日米同盟と原発」と題する記事の中で、次のように述べている。

> 首都ワシントンの米国立公文書館に保管されている国務省やＣＩＡの膨大な極秘文書。正力は「PODAM（ポダム）」という暗号名で呼ばれていた。どういう意味かは不明だが、ちなみに元朝日新聞主筆で、自民党副総裁を務めた緒方竹虎（六七）の暗号名は「POCAPON（ポカポン）」だった。
>
> 正力が衆院議員初当選からほぼ半年後の五五年八月十一日付けのＣＩＡ文書には「PODAMは協力的だ。親密になることで、彼が持つ新聞やテレビを利用できる」。その一カ月後の九月十二日には「PODAMとの関係ができてきたので、メディアを使った反

読売新聞社の創業者・正力松太郎。戦中は、特高警察として「活躍」した。（出典：ウィキペディア）

共工作を提案できる」と記されていた。

GHQの方針の結果、次々と新興紙が登場した。戦前の構造改革で淘汰された新聞が復活した例もある。新たにリベラルな新聞も現れた。一見すると多様な言論がGHQによって生まれたかのような印象があった。

しかし、新聞社が新聞拡販を柱とした自由競争のレールの上を走り始めると、大半の新興紙は生き残ることができなかった。その結果、従来の新聞社が生き残り、実質的に戦前の「1県1紙制」の再到来となった。

GHQも世論誘導を容易に実施するためには、多様な新聞が乱立するよりも、戦前・戦中の「1県1紙」制を基本とする体制の方が好都合であることに気づいたのかもしれない。

この点に関して、有山輝雄教授は、1998年、わたしのインタビュー（『新聞ジャーナリズムの正義を問う』に収録）で次のように述べている。

戦後の初期、新聞ジャーナリズムは機能し、その後に腐敗堕落したと考えている人もいますが、私はそうではないと思います。基本的な体質は創業から同じであって、それは新聞人の個人的な問題ではなくて、ひとつのシステム（体制）の問題があるからです。新聞が社会制度の中に組み込まれてきたわけですから。

――戦後、新聞を改革できなかった理由は？

アメリカが、日本を民主化しようとしたといっても、一面では自分たちの国益を優先したわけです。考え方によっては、日本の新聞社の戦争責任を追及して、新聞社を全部つぶすことも選択肢としてはもっていたわけです。しかし、アメリカは国益を守るためには今ある新聞社を利用する方が都合がいいと考え、新聞の制度それ自体はいじらなかった。独占禁止法を導入し、朝日、読売、毎日などの独占を言葉の上では批判し、分割することもひとつの選択だったわけです。しかし、それをやれば、日本国内が混乱するので、避けようという判断だったのだと思います。

戦前の新聞業界がほぼそのまま戦後社会に蘇ったのである。しかも、その後、メディアコントロールの新しい道具が認識された。それが「押し紙」を放置する政策である。経済的なメリットを新聞社に与えることで、報道内容を自粛させる原理は、戦前の新聞用紙の配給を逆手にとった手口と同じだった。戦争犯罪を厳格に検証しなかったことが、現在の状況をもたらしているのではないだろうか。この点を踏まえることなく延々と新聞を論じても、日本の新聞ジャーナリズムは変わらない。

第9章 「押し紙」を黙認してきた公権力機関

「押し紙」が温床となっているメディアコントロールの実態を、具体的な新聞記事を引き合いに出して立証することは不可能に近い。しかし、公正取引委員会や裁判所などの公権力機関が新聞社の「押し紙」政策を黙認してきた軌跡を浮き彫りにすることはやさしい。それはちょうど公害の原因を医学的な根拠を示して立証することが困難であっても、疫学調査によって健康被害の可能性を指摘できるのと同じ原理である。

公権力機関が、「押し紙」問題に向き合う糸口は過去に何度かあった。しかし、実際には徹底して問題と向き合ったことがない。皆無とまでは言えないにしても、官僚の答弁のようにのらりくらりと問題の矛先を逸らしてきたのである。その背景に前章で言及したように、「押し紙」を逆手に取ったメディアコントロールの構図があるのではないかというのが、わたしの見解だ。

「押し紙」問題にメスを入れる最初の機会は、1970年代にあった。それは、評論家の清水勝人氏が『経済セミナー』などの雑誌で、新聞販売の諸問題を繰り返し報じた時期である。清水氏は、『新聞の秘密』(日本評論社)と題する単行本も刊行した。

これらの著作物は、わたしがここ25年ぐらいのあいだ指摘してきた緒問題をほぼ同じ方向性で追及している。詳細さという点に関して言えば、清水氏の著作は、わたしの著作よりもはるかに踏み込んでいる。

聞くところによると、「清水勝人」というのはペンネームで、本職は新聞社の販売局員だったらしい。それゆえに新聞社内部の人間にしか知り得ない詳細な記述がなされたと推測できる。

わたしの想像であるが、清水氏は一連の著述活動により、公正取引委員会が「押し紙」問題の解決に乗り出すと楽観的に考えたのではないか。残紙が旧来の定義で言う「押し紙」であろうが、「積み紙」であろうが、大量の残紙が廃棄されている事実がある以上、重大な社会問題であるからだ。その異常さゆえに、社会通念からすれば、公権力機関が対策を取るのが常識であるからだ。

しかし、清水氏の著述活動が公権力機関を動かすことはなかった。少なくとも表向きは、「焼石に水」だった。記事の掲載媒体である『経済セミナー』の知名度からして、公正取引委員会も清水氏の著作内容を把握していた可能性が高いが、何の対策も取らなかった。完全に黙殺したのである。そのまま清水氏の著作物は忘れられてしまった感がある。

◇15回にわたる国会質問

1980年代の初頭に、公正取引委員会が「押し紙」問題にメスを入れる2度目の機会が訪れた。それは、1980年3月から1985年3月までの6年間に、共産党、公明党、社会党の3党が超党派で新聞販売の問題を追及した時期である。質問回数は15回にも及んだ。

たとえば1982年3月には、瀬崎博義（共産党）議員が読売新聞鶴舞直売所の残紙を取り上げた。国会議事録によるとこの販売店では、たとえば1980年1月の時点で、搬入部数1100部に対して、実配部数は608部だった。492部が過剰になっていた。残紙率は約45%だった。

国会質問に先立って情報提供者の北田敬一店主は、公取委に同店の過去10年間の内部資料を提出した。俗に「北田資料」と呼ばれているものである。

しかし、公取委は何の措置も取らなかった。北田氏に同伴して公取委に赴いた滋賀県新聞販売労組の沢田治委員長は、『新聞幻想論』（私家版）の中で、面談時の北田氏の様子を次のように記録している。同著に引用された北田氏の言葉を再引用しておこう。

「販売店主が販売店をやめるとか、やめさせられるということは、公取さん、自分の生活を失うこと、奪われるということ、私だけじゃないですよ。私と妻とこどもたちの一家の生活が破壊されるということですよ。売れない部数をわんさかとかかえて、それがイヤだといえば結局は廃業せざるを得ないところへ追い込まれるのです。しっかりしてくださいよ。独禁法とか景表法とかいう法律があって、そこから判断すれば、本社が悪いのか、悪くないのか、はっきりするじゃないですか」

5年に及ぶ国会質問も、公取委への告発も効を奏さなかった。両者とも、新聞社の「押し紙」政策を放置し続けたのである。

国会質問が終わった1985年ごろ、日本経済は好調で折込広告の需要が増えていた。バブル景気の前夜だった。そのために残紙が「積み紙」の状態になる販売店が増えていた公算が高い。相対的に販売店の経営が好調だったので、このころは「押し紙」問題が表沙汰になることはあまりなかった。

しかし、バブルが崩壊すると地方都市で折込広告の需要が緩やかに減り始めた。それに伴い地方都市では、「押し紙」が販売店の負担になり始めたようだ。実際、次に紹介する北國新聞（石川県）の事件が起こる。

◇残紙の「2%ルール」の撤廃

1997年、公正取引委員会は北國新聞に対して「押し紙」の排除勧告を出した。

北國新聞に関しては、第3章でこの事件を例にして「押し紙」の規模を紹介したが、本章では別の問題を指摘したい。「押し紙」をめぐる公取委と日本新聞協会の不透明な関係に関することである。

第3章で述べたように北國新聞は、朝刊の総部数を30万部にかさ上げするために増紙計画を作成して、系列の販売店に対し総計で新たに3万部の「押し紙」を行った。この事実を公取委が認定して、「押し紙」の排除命令を出した。

その際に公取委は、日本新聞協会に対しても、「押し紙」問題を改善するように求めて、次のような書面を送付した。

　また、当該違反被疑事件の審査過程において、他の新聞発行業者においても取引先新聞販売業者に対し「注文部数」を超えて新聞を提供していたことをうかがわせる情報に接したことから、新聞発行業者の団体である社団法人・日本新聞協会に対し、各新聞発行業者において、取引先新聞販売業者との取引部数の決定方法等について自己点検を行うとともに、取引先販売業者に対して独占禁止法違反行為を行うことがないよう、本件勧告の周知徹底を図ることを要請した。

公取委は、「押し紙」を新聞業界全体の問題として指摘したのである。

これに対して日本新聞協会（厳密には、同協会の新聞公正取引協議会）は、翌1998年、業界の自主ルールを削除して対抗した。

自主ルールとは、新聞の搬入部数の2%を超える残紙を「押し紙」と定義した「2%ルール」である。

「2%ルール」を削除したことで、残紙はすべて販売店が注文した「予備紙」という解釈が採用されることになった。「押し紙」を「予備紙」にすり替えてしまったのだ。

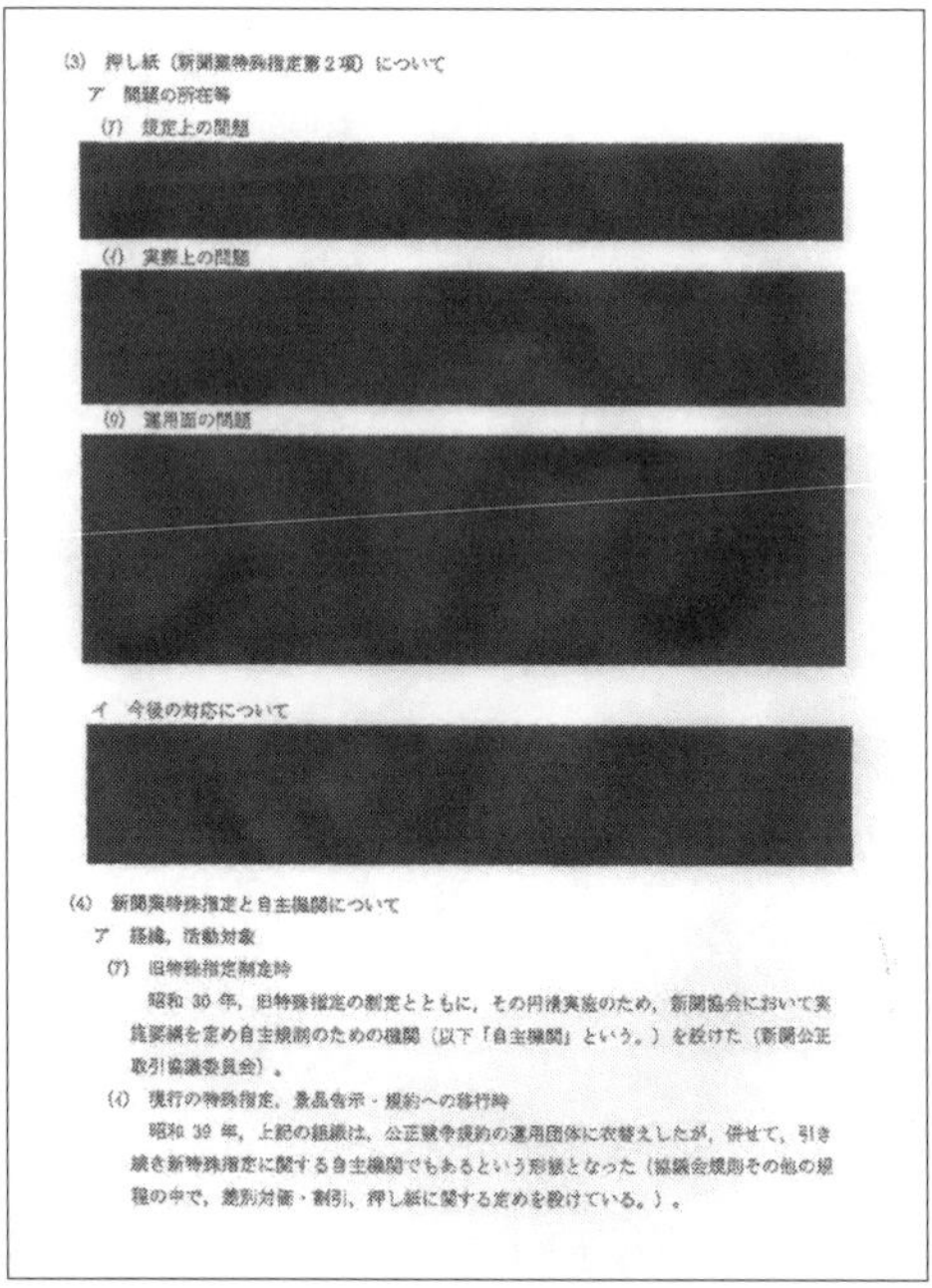

(3) 押し紙（新聞業特殊指定第2項）について

ア 問題の所在等

(ｱ) 規定上の問題

[redacted]

(ｲ) 実際上の問題

[redacted]

(ｳ) 運用面の問題

[redacted]

イ 今後の対応について

[redacted]

(4) 新聞業特殊指定と自主機関について

ア 組織，活動対象

(ｱ) 旧特殊指定制定時

昭和30年，旧特殊指定の制定とともに，その円滑実施のため，新聞協会において実施要綱を定め自主規制のための機関（以下「自主機関」という。）を設けた（新聞公正取引協議委員会）。

(ｲ) 現行の特殊指定，景品告示・規約への移行時

昭和39年，上記の組織は，公正競争規約の運用団体に衣替えしたが，併せて，引き続き新特殊指定に関する自主機関でもあるという形態となった（協議会規則その他の規程の中で，差別対価・割引，押し紙に関する定めを設けている。）。

公正取引委員会と新聞業界の交渉を記録した文書。著者が情報公開請求したところ、肝心の「押し紙」に関する記述は完全に黒塗りになっていた。

「押し紙」を「予備紙」と言い換えるのは明らかな詭弁だが、以後、裁判所もこのスタンスを原則として司法判断を下すようになった。「押し紙」裁判になると新聞社は、この論理を持ち出して、残紙は販売店が自主的に注文した「予備紙」であるという主張に終始するようになった。

北國新聞に対する排除勧告は、清水勝人氏による告発、国会質問に続いて公権力機関が「押し紙」にメスを入れる3度目の機会だったが、その後、行われた新聞協会と公取委の話し合いの中で、「2

%ルール」が削除されたことにより、逆に新聞社が「押し紙」政策を持続する強力な布石を敷いてしまったのである。公取委は、そもそも最初から、「押し紙」問題を解決する気がなかったのではないかとわたしは推測している。

本書を執筆中の２０２２年の夏、わたしは公取委が北國新聞に対して「押し紙」の排除勧告を下した１９９７年12月から、日本新聞協会が「２%ルール」を撤廃する翌１９９８年８月までの期間に、両者の間で行われた話し合いの記録を公開するように求めて、公取委に情報公開を請求した。「２%ルール」が新聞業界の内部ルールであったにせよ、公取委の承認なしには、ルール変更はできない。したがって、どのような話し合いの末に「２%ルール」の削除を認めたのかを知りたいと思った。

ところが公開された書面はほとんどが黒塗りになっていた。公取委と日本新聞協会がどのような話し合いをしたのかは、知りようがない。ここでも公取委は、結果的に「押し紙」を黙認してしまったのである（付録5を参照）。

「２%ルール」がなくなると、飛躍的に「押し紙」が増えた。残紙の中身が押し売りをした新聞であっても、新聞社はそれを「予備紙」と呼んで批判をすり抜けた。その結果、販売店によっては、残紙率が50%といったケースも珍しくなくなった。わたしは、この件も公権力機関と新聞社の癒着の結果だと考えている。

ちなみに販売店主のひとりは「２%ルール」について次のように話している。

「予備紙2%の根拠は、以前は一梱包は100部単位で販売店に届けられていました。その当時の梱包では、上下1部ずつが特に痛みやすく、配達できないため、その分は請求しないということで、そこから予備紙2%という考え方がされたと聞いています」

◇「押し紙」を初めて認定した真村訴訟

しかし、やはり世論が一歩前進したのか、新聞社の販売政策を問題視する裁判官も現れる。2007年、「押し紙」問題は、ひとつの転換期を迎えた。福岡高裁が読売新聞による「押し紙」政策を断罪する判決を下したのである。

ただ、この裁判は、販売店の地位保全を求める裁判だった。厳密な意味での「押し紙」裁判ではない。以下、地位保全裁判であるにもかかわらず裁判所が判決で「押し紙」を認定するに至った事情を説明しておこう。

事件の発端はYC広川（福岡県）を経営する真村久三氏が、読売新聞から強制改廃を通告されたことである。その直接的な理由は、読売新聞が真村氏に対して営業地区の一部を、隣接する地区のYCに譲渡するように命じられたことである。真村氏は、この命令を断った。その結果、真村氏は廃業を突きつけられ、地位保全を求めて提訴したのだ。2002年のことである。

読売新聞は裁判の中で、さまざまな改廃理由を提示してきた。改廃の引金となった直接の理由は、真村氏が営業地区の一部譲渡を受け入れなかったことであるが、これだけでは改廃を正当化するには無理があった。そこで読売新聞は、それ以外の理由も提示してきた。真村氏が、読売に対して部数内訳の虚偽報告をしていたことも、改廃理由のひとつにした。

当時、読売新聞は販売店に対して部数内訳の報告を義務付けていた。この部数内訳欄には、たとえば次のような報告項目がある。２０１０年12月度の報告書から、核心部分を抜粋してみよう。

今月定数（搬入部数）：１６２５部
実配（実際に配達している部数）：１５８９部

部数内訳欄には、残紙部数を記入する欄はなかったが、「今月定数（搬入部数）」から「実配」を差し引くと残紙部数が判明する。このケースでは残紙部数は36部である。この36部という残紙部数は、搬入部数の２％程度であるから「予備紙」と見なすことができ、「押し紙」とまでは言えない。真村さんが提出した報告書の部数内訳欄を見る限り、ＹＣ広川は健全な経営実態であったことが分かる。しかし、実はこの部数内訳には虚偽の数字操作があったのだ。

真村さんの店には、実際には１３０部程度の残紙があった。真村さんは、この約１３０部を実配部数に加えて報告していたのだ。そうすることで店舗に過剰な残紙が存在することを読売新聞に隠していたのである。

読売新聞がこの虚偽報告書を見れば、ＹＣ広川は残紙を「有代紙」に変える営業熱心な販売店という評価になる。しかし、部数内訳の数字に虚偽があるわけだから、法的には部数内訳の虚偽報告に該当する。

真村氏は裁判の中で、部数内訳の虚偽報告をしていたことを認めた。その上で、虚偽報告をせざるを得なかった背景には、読売による強引な「押し紙」政策と、それに連動した新聞拡販政策があったと主張したのである。

残紙が多ければ、営業を怠っているという評価を受けかねない。それが制裁につながる恐れがある。したがって真村氏は、残紙の大部分を実配部数に加えて報告していたのである。

しかし、読売新聞はそれにより信頼関係が崩れたとして、強制改廃の正当性を主張した。

福岡高裁は、判決の中で、次のような事実認定を下した。

販売部数にこだわるのは一審被告（注：貴社のこと）も例外ではなく、一審被告は極端に減紙を嫌う。一審被告は、発行部数の増加を図るために、新聞販売店に対して、増紙が実現するよう営業活動に励むことを強く求め、その一環として毎年増紙目標を定め、その達成を新聞販売店に求めている。このため、「目標達成は全ＹＣの責務である。」「増やした者にのみ栄冠があり、減紙をした者は理由の如何を問わず敗残兵である、増紙こそ正義である。」などと記した文章（甲64）を配布し、定期的に販売会議を開いて、増紙のための努力を求めている。

米満部長ら一審被告関係者は、一審被告の新聞販売店で構成する読売会において、「読売新聞販売店には増紙という言葉はあっても、減紙という言葉はない。」とも述べている。

こうした販売政策が誘発する搬入部数と実配部数の乖離についても、判決は次のように読売新聞を批判している。

このように、一方で定数と実配数が異なることを知りながら、あえて定数と実配数を一致させることをせず、定数だけをＡＢＣ協会に報告して広告料計算の基礎としているという態度が見られるのであり、これは、自らの利益のためには定数と実配数の齟齬をある程度容認するかのような姿勢であると評されても仕方のないところである。そうであれば、一審原告真村の虚偽報告を一方的に厳しく非難することは、上記のような自らの利益優先の態度と比較して身勝手のそしりを免れないものというべきである。

「押し紙」が独禁法の新聞特殊指定に抵触するとまでは認定していないが、「押し紙」を柱とした読売新聞の販売政策の存在を事実認定したのである。判決は、被告が日本一の部数を誇る新聞社であった事情も関係して、新聞業界に大きな衝動を与えた。販売店の間には、「押し紙」問題にメスが入るのではないかという希望的観測が広がった。

◇「押し紙」報道に対する言論抑圧

実際、判決の直後から月刊誌や週刊誌が次々と「新聞没落」、あるいはそれに類したタイトルの特集を組み始めた。わたしが執筆した媒体だけでも、『SAPIO』、『マスコミ市民』、『週刊新潮』などがある。

『週刊ダイヤモンド』や『週刊東洋経済』も特集を組んだ。『週刊ダイヤモンド』は、作家・真山仁氏の「押し紙」をテーマにした小説「ザ・メディア」の連載を開始した。流行作家が「押し紙」を取り上げたわけだから、その影響力は大きかった。

しかし、2009年7月に『週刊新潮』による「押し紙」報道に対して、読売新聞が約5500万円の損害賠償を求める名誉毀損裁判を起こしたのを機に、「押し紙」報道はぴたりと止まった。暴君が家来を大声で一喝したときのように、静まり返ってしまったのである。「押し紙」が再びタブーになった。不思議なことに真山氏が『週刊ダイヤモンド』で連載を終えた「ザ・メディア」の単行本化も見送られた。この時期にもやはり公権力機関は「押し紙」問題にメスを入れなかったのである。

読売新聞は、『週刊新潮』に対する裁判提起に先立って、わたし個人に対しても2008年に2

件の裁判を起こしていた。巨大新聞社が司法の力を使って、ジャーナリズムに圧力をかけてきたのだ。その結果、わたしは『週刊新潮』の裁判を含めると3件の裁判を抱え込み、総計で約8000万円を請求された。

これら3件の裁判のうち、最初の裁判は、読売新聞の法務室長がわたしに送付した催告書（「メディア黒書」の記事の一部削除を求めた内容）を、わたしが「メディア黒書」に掲載して公衆に晒したのが発端である。「押し紙」問題を報じていると、新聞社が「とんでもない催告書を送付してきた」ということを読者に示すために掲載したのである。

経済小説 連載開始!
ザ・メディア
新聞社買収
真山 仁
第一回
ペーパーカンパニー
1 序章

『週刊ダイヤモンド』に連載された作家・真山仁氏の小説「ザ・メディア」。「押し紙」問題を扱っているが、なぜか単行本としては刊行されなかった。

これに対して法務室長は、催告書はみずからが執筆した未公開の著作物なので、わたしには公表権がないと主張して、催告書の削除を求めてきた。法務室長がその根拠にした法律が、著作者人格権だった。

著作者人格権というのは、公表権など著作者の権利を保障した法律の総称で、他人に譲渡することはできない。

著作物が生む金銭に関する法律の総称

である著作者財産権は他人に譲渡できるが、著作者人格権については譲渡できない。一身専属性の権利である。当然、著作物の執筆者本人でなければ、この種の裁判は起こせない。

ところが裁判の中で、催告書を執筆したのは法務室長ではなく、喜多村洋一弁護士（自由人権協会代表理事）だった高い可能性が浮上した。つまり法務室長は、喜多村弁護士が執筆した催告書を、自分の名義でわたしに送付し、著作者人格権を有するのは自分であると偽って、催告書の削除を求めてきた疑惑が浮上したのだ。

裁判所は、この事実を重く見て、裁判提起そのものが前提を欠いていると判断して、法務室長の訴えを退けたのである。著作者人格権に照らした検証に立ち入るまでもなく、訴えを門前払いしたのだ。

この裁判の提起は、「押し紙」報道を止めないわたしに対する嫌がらせが目的であった可能性が高い。当時、武富士やオリコンなど裁判提起によって言論を封じ込めるスラップ訴訟の広がりが社会問題になっていた。

読売新聞がわたしに対して起こした2件目の裁判は、「メディア黒書」に掲載した記事が名誉毀損にあたるとして2230万円を請求した裁判だった。訴因は、2008年3月にYC久留米文化センター前店（福岡県久留米市）の強制改廃事件を報じた記事である。この販売店では、搬入部数の約50％が残紙となっていた。そこで店主は、江上武幸弁護士に対策を相談した。

それを受けて江上弁護士は読売新聞と減紙の交渉をした。読売新聞は、この店に対する新聞の「注文部数」を大幅に減らした。ところがその3カ月後、読売新聞の法務室長や関係会社の社員ら数名が、突然、この販売店を訪れ、店主を前に強制改廃を宣告したのである。そしてただちに店舗にあった折込広告を搬出した。

わたしはこの搬出行為を指して、記事の中で「窃盗」と表現した。店主は、折込広告の搬出を承諾していたが、強烈な精神的打撃を受け、動揺している状況下で折込広告が持ち去られたからだ。修飾学で言う「直喩」を意図して、あえて「窃盗」と書いたのである。

しかし、読売新聞は「窃盗」という表現で名誉を毀損されたとして2200万円を請求する高額訴訟を起こしたのだ。判決は、地裁と高裁はわたしの勝訴だった。しかし、最高裁が口頭弁論を開き、判決を東京地裁へ差し戻した。そして、東京高裁は、わたしに110万円の支払い判決を下したのである。

判決を下した加藤新太郎裁判長について調査したところ、過去に少なくとも2度、読売新聞に登場していたことが判明した。

3件目の裁判は、すでに述べたように『週刊新潮』（2009年6月11日号）にわたしが執筆した記事が訴因である。「『新聞業界』最大のタブー『押し紙』を切る！」と題する記事に対するもので、読売は5500万円を請求した。

この記事は、滋賀県の民間会社が実施した「押し紙」調査（対象は大津市、草津市、守山市、栗東市、野洲市）の結果を紹介したものである。調査せざるを得ないほど「押し紙」問題が深刻になっていたのだ。

読売新聞は「押し紙」に関する数字には根拠がないとして、裁判を起こしたのである。判決は、地裁から最高裁まで読売新聞の勝訴だった。もちろん読売新聞の言う「押し紙」とは、「押し売り」の概念を柱とした旧来の定義によるものである。

これら3件の裁判には、読売新聞の代理人として、自由人権協会・代表理事の喜田村洋一弁護士が登場した。人権擁護団体のトップが、新聞社サイドに立って「押し紙」を擁護したことに、わたしは衝撃を受けた。新聞社の力の大きさを見せつけられた。

わたしの裁判と並行して、九州でもＹＣと読売新聞のあいだで、「押し紙」裁判や地位保全裁判が複数件起きていた。しかし、すべて読売新聞の勝訴だった。わたしは今でも裁判所の判決に納得していない。

これら一連の裁判提起により雑誌による「押し紙」報道も完全に委縮してしまった。裁判所や公正取引委員会など、公権力機関に問題を解決しようという意思は毛頭なく、「押し紙」問題を再び水面下に沈没させてしまったのである。莫大な量の「押し紙」が毎日延々と廃棄され続ける事態に歯止めをかける公的な役割を放棄したのである。

◇地方紙にメス　中央紙は依然として保護

２０１１年、「押し紙」裁判にひとつの転換期が訪れた。山陽新聞の元店主が起こした「押し紙」裁判で、岡山地裁が山陽新聞社に対して３７６万円の損害賠償を命じる判決を下したのだ。司法が初めて「押し紙」裁判で、新聞社の「押し紙」を断罪したのである。すでに述べたように地位保全裁判の中で、「押し紙」政策が認定された判例は真村訴訟に見ることができるが、純粋な「押し紙」裁判での認定は初めてだった。

しかし、このニュースをメディアが報じることはなかった。新聞は言うまでもなく、週刊誌も月刊誌も黙殺した。もちろん公正取引委員会がこの判決を受けて、「押し紙」問題の解決に乗り出すこともなかった。

ただ、このころから、「押し紙」裁判が和解で解決する事例が現れてきた。時代が前進と後退を繰り返しながらも、また前へ進んだのだ。新聞社が和解金を支払って、裁判を終結させるケースが出てきたのである。「押し紙」の実態がすさまじく、裁判所もまったく不問に付すわけにはいかなくなったのかもしれない。インターネットの普及で、「押し紙」問題が広く認識されるようになってきた事情も背景にありそうだ。

新聞社が和解を受け入れたのは、判決により販売店勝訴の判例が生まれることを警戒したからではないか。

山陽新聞の裁判で、裁判所が新聞社による「押し紙」政策の存在を認定してから9年後、2020年5月、新聞業界は歴史的な事件を迎える。すでに述べたように、佐賀新聞の吉野ヶ里販売店の元店主・寺崎昭博氏が起こした「押し紙」裁判で、佐賀地裁が佐賀新聞に対して約1066万円の支払いを命じる判決を下したのだ。しかも、「押し紙」政策に対して独禁法違反を認定したのである（この裁判については、第2章で詳しく記述したので参照してほしい）。

しかし、この判例により裁判所や公正取引委員会などの公権力機関が「押し紙」問題に対するスタンスを取り締まりの方向で軌道修正したわけではなかった。特に裁判所は再び「押し紙」を黙認する方向へ動く。

同じ年の12月に判決が下された産経新聞の「押し紙」裁判で、東京地裁は被告の産経新聞を露骨に保護する姿勢を示したのである。

◇裁判所による中央紙の保護

この裁判は、千葉県内の元販売店主が「押し紙」による損害約2385万円の賠償を求めて、2018年に起こしたものである。

原告の販売店を敗訴させた判決文は、論理が破綻している。「押し紙」の存在を認定していながら、それに対する賠償責任は免責するという矛盾した論理構成が見受けられるのだ。どんな詭弁を弄してでも産経新聞を勝訴させることを前提に、判決文を書いたことがその原因だと思われる。

たとえば判決文は、産経新聞が販売店主から提出された「減紙要求」を拒絶した行為を「いわゆる押し紙に当たり得る」と認定したにもかかわらず、その被害額は、「極めて限定的である」として、損害賠償を認めなかった。少額であっても、「押し紙」の存在を認定したわけだから、常識的には賠償責任が生じる。しかし、「原被告間で営業所の引継ぎに関する協議をする中で原告が顧客名簿の開示に応じないなどの対応をしていた」ことを理由にして、賠償責任を免除しているのである。

産経新聞が「押し紙」による損害を与えた事実と、販売店が顧客名簿の開示に応じなかった事実（免責理由）は別件である。それにもかかわらず裁判所は、関連性のない二つの事実を、無理矢理に相殺して産経新聞の賠償責任を免責したのだ。

わたしはこの裁判を提訴当初から取材していた。結審に至るまでの間に、裁判所は2度にわたって産経新聞に対し和解を提案した。こうした経緯から察して、判決になれば元販売店主が勝訴する公算が高かった。

ところが証人尋問が終わり、裁判が結審に近づいた2020年5月、最高裁事務総局は、突然、この「押し紙」裁判の裁判長を交代させたのである。新しい裁判長は、野村武典範という判事だった。

わたしは野村裁判長の履歴を調べてみた。その結果、裁判官人事に関する不可解な事実が浮かび上がった。ここ5年ほどの履歴は次のようになっている。

[redacted]

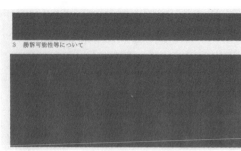

3　勝訴可能性等について

[redacted]

最高裁事務総局に対して著者が、「報告事件」に関する情報開示を請求したところ肝心な部分、つまり報告の中身に関する記述が黒塗りになった書面が交付された。しかし、「報告事件」の存在そのものは明らかになった。これは日本の裁判所の信用にかかわる大問題だ。

２０１７年４月１日：名古屋地裁判事・名古屋簡裁判事
２０２０年４月１日：東京高裁判事・東京簡裁判事
２０２０年５月10日：東京地裁判事・東京簡裁判事

野村裁判長は、２０２０年４月１日に名古屋地裁から東京高裁へ異動した。なぜかそのわずか40日後に再び人事異動の対象になり、東京地裁へ異動している。そして東京地裁に着任した直後、ただちに産経新聞の「押し紙」裁判の新裁判長に就任したのである。通常はあり得ないことだ。

野村裁判長は早々に産経新聞の「押し紙」裁判を結審して、元店主の訴えを棄却する判決を下した。

ただ、この裁判では原告側の主張に若干の弱点があったことも認めなければならない。それは第一に独禁法の新聞特殊指定における「押し紙」の定義を強烈に押し出していなかったことである。「実配部数＋予備紙」を超える部数は、理由のいかんを問わず「押し紙」であり、独禁法に抵触するという視点を鮮明にしておけば、裁判所に詭弁を許す余地はなかった可能性が高い。

第二に損害賠償の根拠の柱を公序良俗違反にしていたことである。不法行為なども請求の根拠とすべきだった。かりに裁判官が最初から新聞社を勝訴させる方向性を持っているとすれば、戦略上の弱点に付け込まれた可能性がある。

しかし、逆説的に考えれば原告の販売店は、公序良俗違反だけでも十分に請求が認められると考えるほど「押し紙」の実態がすさまじかったともいえる。


さらにその後、2022年4月に判決が下された日経新聞の「押し紙」裁判でも、裁判所は不可解な判決を下した。この裁判でも、尋問が終わり、結審が近づいた時期に最高裁事務総局が裁判官を交代させた。そして判決日を延期して、販売店の訴えを棄却する判決を下したのである。

わたしはこの裁判の判決文を読んで司法制度の公平性を疑った。原告の店主は、日経新聞に対してファクシミリで「注文部数」の減部数を繰り返し通知している。

書面による減紙の公式な申し入れは、20回にも及んだ。弁護士がアドバイスしていたので書式に不備はない。裁判所も、店主が繰り返し書面で「押し紙」を断った事実を認定している。

それにもかかわらず裁判所は、「原告の減紙を求めるファクシミリは被告との協議の前提となる減紙の提案に留まるというべきであり、これをもって確定的な注文とみることはできない」と奇妙な理屈で訴えを退けたのである。

さらに東京地裁を舞台とした読売新聞の「押し紙」裁判でも、不可解な訴訟プロセスが展開された。2022年8月9日に設定されていた判決日が、直前になって急遽3カ月ほど先送りされた。新しい判決日は10月21日だった。

こうした経緯からして、わたしは販売店の敗訴を予測した。実際、その予想は的中した。最終段階での裁判官の交代こそなかったが、販売店が敗訴したのである。

「押し紙」をめぐる新聞社と販売店の攻防を歴史的に検証してみると、公権力機関の歯車のひとつとして、新聞社が位置づけられている構図が輪郭を現してくる。「押し紙」は、単に新聞の商取引の問題ではない。それがメディアコントロールの温床になっていることにもうひとつの隠れた大問題があるのだ。

おわりに

わたしが「押し紙」問題の取材を始めたのは、1997年である。黒の背景に赤色のゴシック文字で「新聞販売黒書」と表示したウェブサイトを立ち上げ、「押し紙」報道の最初のステップを踏み出した。まだデスクトップのPCが主流の時代だった。

それから26年の間にわたしは、「押し紙」をテーマとした本を7冊執筆した。本書は、おそらく「押し紙」問題を扱った最後の本になるだろう。わたしがたどり着いた「押し紙」問題の最終的な結論は、当初、予測しなかったものである。それは、「押し紙」問題は、単に商取引の問題だけでなく、それよりもむしろ新聞ジャーナリズムの質にかかわる問題であるということである。本書でこの点を深掘りできたことは、長年にわたる取材の成果にほかならない。

新聞経営者はいまだに平気で「押し紙」など1部も存在しないと開き直っている。取材を申し込んでも、まったく応じない。それでもインターネットの普及により、多くの人々に「押し紙」問題を知らせることができるようになった。

「押し紙」報道に最も強く反発したのは、読売新聞社だった。2008年から1年半の間に同社はわたしに対して3件の裁判を起こした。請求額は総額で約8000万円。自由人権協会代表理事の喜田村洋一弁護士を先頭に高額な金銭請求をしてきたのである。

この時にわたしを支援してくれたのが、現在も福岡県を拠点に「押し紙」問題に取り組んでいる江上武幸弁護士ら「押し紙」弁護団の弁護士らだった。福岡県から東京地裁やさいたま地裁まで足を運び、無償で弁護活動を展開してくれたのである。「押し紙」報道に協力してくれる新聞販売店主や出版関係者も多く、わたしは廃業することなく従来通り執筆活動を続けることができた。

本書を出版するにあたり、編集を担当していただいた津山明宏さんと同じジャーナリスト仲間の田所敏夫さんには丁寧なアドバイスを頂いた。鹿砦社の松岡利康社長には、前著『禁煙ファシズム』に続いて、快く出版を引き受けていただいた。本書の扉を閉じるにあたって、支援してくださった方々に深く感謝の意を表する。

2023年3月20日

黒薮哲哉

付録1　西日本新聞「押し紙」裁判の訴状

1

訴状

2022（令和4）年11月11日

福岡地方裁判所 御中

原告訴訟代理人弁護士 江上武幸

同 毛利倫

同 青木歳男

同 田上普一

同佐藤潤一
同鍋島典子

当事者の表示 別紙当事者目録記載の通り

不当利得返還・損害賠償請求事件
訴訟物の価格 金5718万2952円
貼用印紙額 金19万4000円
予納郵券額 電子納付希望

第1　請求の趣旨

1　被告は原告に対し、金5718万2952円及びこれに対する令和4年8月9日から支払い済みに至るまで年3分の割合による金員を支払え。
2　訴訟費用は被告の負担とする。
との判決及び第1項につき仮執行の宣言を求める。

第2　請求の原因

1　当事者

(1)　原告は、平成17年5月1日から令和3年5月31日まで西日本新聞販売店AC●を、平成23年5月1日から令和3年5月31日まで同AC■を、平成26年10月1日から30年11月30日まで同AC▲を経営してきた者である。なお、「AC」とは、「西日本新聞エリア・センター」の略である。

(2)　被告は、福岡・佐賀・長崎・大分・熊本の九州5県を販売エリアとして、日刊紙「西日本新聞」を発行する株式会社である。

2　事案の概要

本件は、被告が発行する西日本新聞の販売店を営んでいた原告が、販売店経営に必要な部数を超える新聞の仕入れを被告から強いられた結果、経営が困難となり廃業を余儀なくされたため、被告に対し、公序良俗無効、債務不履行・不法行為を原因として不当利得もしくは損害賠償として、平成23年6月1日から令和3年5月31日までの廃業前10年間の押し紙仕入代金5199万2952円と弁護士費用519万円の合計5718万2952円と、これに対する内容証明郵便による請求の翌日である令和4年8月9日から支払い済みまで、民法所定の年3分の割合による遅延損害金の支払いを求める事案である。

3　原告と被告の新聞販売店契約（甲A1～3）

原告と被告の新聞販売店契約書で、現存する契約書は次の三通である。なお、従前の契約書も内容は同一である。

①　AC●店
平成24年10月1日付西日本新聞販売店契約書（甲A1）

②　AC■店
平成24年10月1日付西日本新聞販売店契約書（甲A2）

③　AC▲
平成26年10月1日付西日本新聞販売店契約書（甲A3）

4　送り部数（定数）

原告は、平成17年5月から令和3年5月までの西日本新聞販売店経営期間中に、被告から販売店経営に必要のない新聞（以下、「押し紙」という。）を供給され、その部数は別紙押し紙一覧表の「押し紙部数（定数－必要部数）」欄記載3万5428部であり、押し紙仕入金額は6571万8552円に及んでいる。

5　販売店の廃業

原告は、平成30年11月30日にＡＣ▲を、令和3年5月31日にＡＣ●とＡＣ■を廃業した。

6　内容証明による請求

原告は被告に対し、令和4年8月5日付内容証明で、不当利得・債務不履行・不法行為に基づき、廃業前10年間の押し紙仕入代金5228万2535円の支払いを求め、上記郵便は令和4年8月8日、被告に到達した（甲Ａ4の1～2）。

なお、上記内容証明により返還を求めた押し紙仕入れ代金は、本訴で返還を求める押し紙仕入れ代金5199万2952円より28万9583円多くなっているが、計算間違いがあったためである。

7　請求権

1　公序良俗無効による不当利得返還請求（主位的請求原因）

ア　独占禁止法第19条違反

①　被告は原告に対し、原告が実際に販売している部数（戸別配達部数＋即売部数）を知りながら、正常な商慣習に照らして適当と認められる予備紙（実配数の2％・以下同）を超える新聞を供給し、原告に不利益を与えた。この行為は、平成11年7月21日公正取引委員会告示第9号「新聞業における不公正な取引方法」（以下、「新聞特殊指定」）の第3項1号本文の「注文部数超過行為」であり違法である。

②　被告は、原告が実際に販売している部数を知りながら、販売店経営に必要のない新聞の減紙の申出を拒否し、正常な商慣習に照らして適当と認められる予備紙を超える新聞を供給し、原告に不利益を与えた。この行為は、新聞特殊指定第3項1号括弧書の「減紙拒否行為」であり違法である。

③　被告は、前記②の減紙の申出に応じない方法により、原告が実際に販売している部数を知りながら、正常な商慣習に照らして適当と認められる予備紙を加えた部数を供給し、原告に不利益を与えた。この行為は、新聞特殊指定第３項２号の「注文部数指示行為」であり違法である。

イ　独占禁止法違反行為の私法上の効果

①　独占禁止法違反行為の私法上の効果は、「その契約が公序良俗に反するとされるような場合」には無効とされると解されている（最高裁第二小法廷・昭和52年6月20日判決）。

②　公序良俗違反の具体的な判断基準は、違反行為の目的、態様、違法性の強弱、違法性の明確性、独占禁止法の規制目的が達成できるか否かとされている（東京高裁・平成９年７月31日判決）。

③　被告の原告に対する押し紙行為は、原告の販売店経営に必要のない新聞を、優越的地位を濫用し有料で供給するもので、前記公序良俗違反の具体的な判断基準を満たしている。

ウ　小括

よって、被告の原告に対する本件押し紙の供給行為（売買契約）は公序良俗に反し無効である。

(2)　債務不履行（予備的請求原因１）

ア　西日本新聞販売取引契約書（甲A１～３）第10条②の当然解釈

本件新聞販売取引契約書第10条（乙の順守事項）②に、販売店の被告に対する義務として、「特定商取引法に関する法律その他新聞の公正販売に関する諸法規が定める事項を順守する。」との条項が定められている。

「その他新聞の公正販売に関する諸法規」には、独占禁止法第19条に基づく新聞特殊指定が含まれる。

この条項は、文言上は販売店の被告に対する法令順守義務を定めたものであるが、新聞社である被告が販売店に対し法令順守義務を負うことを当然の前提とした条項であると解される（当然解釈）。

イ　被告の販売店に対する毎月の請求書（甲A４）には、「貴店が新聞部数を注文する際は、購読部数（有代）に予備紙等（有代）を加えたものを超えて注文しないで下さい。本社は、貴店の注文部数を超えて新聞を供給することは致しません。」との記載文言がある。

①　これは、昭和39年６月５日39公取第75号の「注文部数の解釈について」（甲B２）と同じ文言であり、実配数に適正予備紙を加えた部数を超えた部数を供給する行為が、特殊指定第３項１号本文の「注文部数超過行為」行為であることを被告が正確に認識していることを示している。

②　また、ＡＢＣ協会はＡＢＣ部数の信頼性を確保するために、販売店の購読部数を調査すること

にしている（「販売店公査」という）。被告が請求書に、「実配数（有代）に適正予備紙を加えたものを注文しないでください。本社は、貴店の注文部数を超えて新聞を供給することは致しません。」との文言を記載しているのは、被告がＡＢＣ協会の会員として、ＡＢＣ部数の信頼確保の義務と責任を果たしていることをＡＢＣ協会に対し説明できるようにするためである。

ウ　小括

被告が原告に対し「注文部数超過行為」・「減紙拒否行為」・「注文部数指示行為」の押し紙行為を行うのは、新聞販売取引契約上の「注文部数」を超える部数を供給しない義務の不履行に該当する。

(3)　不法行為（予備的請求原因２）

ア　注文部数超過行為

被告は原告の実配数を認識しているにもかかわらず、原告販売店が実際に販売している部数に正常な商慣習に照らして適当と認められる予備紙を加えた部数を超過する部数を供給し、注文部数超過行為の押し紙を行った。

イ　減紙拒否行為

被告は販売店に注文部数の自由減の権利の行使を認めず、原告の減紙の申出に応じない方法により、原告販売店が実際に販売している部数に正常な商慣習に照らして適当と認められる予備紙を加えた部数を超過する部数を供給し、減紙拒否行為の押し紙を行った。

ウ　注文部数指示行為

被告は販売店に注文部数の自由減の権利の行使を認めず、従来通りの部数を注文させてその注文部数を供給し、注文部数指示行為の押し紙を行った。

エ　小括

新聞社が販売店に対する取引上の優越的地位を濫用して、販売店に押し紙行為をして不利益を与えるのは、独占禁止法新聞特殊指定違反の取締法令違反であると同時に民法上の不法行為に該当する。

8　請求金額

(1)　不当利得返還請求金額

原告は被告に対し、廃業前の10年間の別紙「押し紙」一覧表記載の経営に必要のない部数の新聞の仕入れ代金5199万2952円（押し紙部数×仕入単価）を支払った。よって、被告は原告に対し5199万2952円の不当利得返還義務がある。

(2)　債務不履行・不法行為に基づく損害賠償請求金額

ア　被告が本件販売店契約上の押し紙をしない義務を順守しておれば、原告は5199万2952円の押し紙仕入れ代金を支払う必要はなかった。

よって、被告は原告に対し5199万2952円の債務不履行に基づく損害賠償義務がある。

イ　不法行為に基づく損害賠償請求金額金

被告の原告に対する押し紙行為は、平成11年告示第3項の三類型すべての「押し紙」に該当する独占禁止法違反の違法行為であり、不法行為責任を免れない。

よって、被告は原告に対し5199万2952円の不法行為に基づく損害賠償義務がある。

9　結論

よって、原告は被告に対し、公序良俗無効による不当利得、若しくは債務不履行・不法行為に基づく損害賠償として、廃業前10年間の「押し紙」仕入れ代金相当額5199万2952円と弁護士費用相当額519万円の合計5718万2952円の支払いと内容証明郵便の送達の日の翌日である令和4年8月9日から支払い済みまで年3分の遅延損害金の支払いを求めて本訴におよぶ。

付録2　「押し紙」黙認、公取委インタビュー

わたしが現時点で把握している「押し紙」裁判の件数は、5件ある。内訳は、読売新聞が3件（東京本社、大阪本社、西部本社）、日経新聞が1件（大阪本社）、それに西日本新聞が1件である。情報を入手する手段が紙媒体から、電子媒体に移行するにつれて、紙媒体の読者ばなれが進み、それに連動するように新聞販売店に「押し紙」が増えている。新聞購読者が減っても、販売店へ搬入される新聞の部数はほとんど変わらない現象が当たり前に観察できる。

全国の新聞の平均「押し紙」率が20％（518万部、2021年度）で、卸価格が1500円（月間）として、「押し紙」による販売店の損害を計算すると、年間で約932億円になる。これだけ莫大な黒い金が動いていても、公正取引委員会は対策に乗り出さない。司法もこの問題にメスを入れない。背後に政治力が働いているのではないかとする見方もある。

次の会話録は、2020年11月に、わたしが公正取引委員会に対して行った問い合わせのうち、「押し紙」に関する質問部分である。結論を先に言えば、公取委は、「押し紙」については何も話さなかった。情報を一切開示しない公取委の姿勢が明らかになった。個人情報が含まれる情報の非開示はいたしかたないとしても、「押し紙」に関する調査をしたことがあるか否かの「YES」「NO」形式の質問にさえ答えなかった。新聞社の「押し紙」を黙認し続ける公取委の姿勢が鮮明になった。

以下、公取委との会話録を紹介しよう。

・・・「押し紙」を調査するかしないかは、だれが決めていますか？　だれにそれを決める権限があるのか？

担当者：どういう調査をするかによって変わるので、なんとも言えません。ただ、事件の審査は審査局が行います。

・・・そうすると審査局のトップが最終判断をしているということですね。

担当者：しかるべきものが、しかるべき判断をするということになります。

・・・そこは曖昧にしてもらってはこまります。

担当者：何を聞きたいのでしょうか。

・・・どういう命令系統になっているのかということです。

担当者：命令系統というのがよく分からない。

・・・公正取引委員会として（「押し紙」問題を）調査するのかどうかの意思決定をする権限を持っている人のことです。だれがそれを最終決定しているのですか。

担当者：「押し紙」とかなんとかいうことは離れまして……。

・・・では、残紙にしましょう。

担当者：残紙でもなんでも。個別の事件に関して、お答えするのは、適当ではないと思います。

・・・・どういう理由ですか？

担当者：誤解が生じることを防ぎたいからです。

・・・・誤解しないように質問しているのです。

担当者：言葉の揚げ足を取られていろいろ言われるのもちょっと。わたしどもの本意ではないので、お答えを差し控えさせていただきます。（略）わたしどもは、個別の事件について、申告があったかとか、なかったとか、についてはお答えしないことにしています。それは秘密を保持する必要があるからです。申告の取り扱いについては、対外的にお答えしないことになっています。

・・・・そういうことを聞いているのではなく……。

担当者：ですから具体的に聞かれても、わたしどもはなかなか答えることができないということをご理解いただきたい。

・・・・答える必要はないというのが、あなたの立場ですね。

担当者：そうです。個別の事件については、お答えしないことにしています。

・・・・では、「押し紙」の調査を過去にしたことがありますか。

担当者：「押し紙」の調査？

・・・・残紙が「押し紙」であるのか、「積み紙」であるのかの調査を過去にしたことがありますか。

担当者：「押し紙」の調査を過去にしたかしていないかについては、これまで公表していません。

・・・・はい？

担当者：こちらから積極的にそういう広報はしていません。

・・・・広報ではなく、調査をしたかどうかを聞いているのです。

担当者：したかどうかの事実の確認もしません。

・・・・事実の確認ではありません。

担当者：もちろん個別の事件の情報を寄せられれば、必要に応じて調査をして、さらに調査が必要だということになれば、本格的に調査をしますし、そうでないものについては、そこまでの扱いになります。それ以上のことは申し上げられません。

・・・・その点はよくわかっています。わたしの質問は、過去にそういう調査をしたことがありますか、ありませんかを聞いています。ＹＥＳかＮＯかで尋ねています。

担当者：「押し紙」の調査をしたことがあるかないか？　公表はしていません。

・・・・はい？

担当者：公表はしていないので、お答えは差し控えさせていただきます。

・・・・これについても答えられないと、命令系統についても、答えられないと。

担当者：はい。

・・・・それから、日本経済新聞の店主が、本社で自殺した事件をご存じですか。

担当者：承知しておりません。

・・・・知らないのですか。

担当者：知りません。

・・・・新聞を読んでいないということでしょうか？

担当者：そうかもしれませんね。

・・・・この件は、全然把握していないということですね。

担当者：そうです。不勉強だといわれれば、甘んじて受けます。

・・・・新聞販売店で残紙とか「押し紙」といわれる新聞が、大きな問題になっているという認識はありますか。

担当者：それ自体は承知しております。

・・・・いつ知りましたか?

担当者：わたしも公正取引委員会で働き、取引部にいたこともあるので知っています。またネットなどにも出ています。黒薮さんのものも含めて、こうしたことは存じ上げております。

・・・・問題になっているのに、なぜ、動かないのですか。

担当者：問題になっているということは知っていますが、じゃあなぜ動かないのかということについては、わたしどもからお答えすることは控えたいと思います。わたし個人としては、「押し紙」の事象があることは知っていますが、なぜ公正取引委員会が動かないのかということについては、申し上げる立場にありません。

公正取引委員会として、なぜ、取り締まらないのかということを、個別の事件について申し上げることはありません。

・・・・個別の事件について質問しているのではなく……。

担当者：多分、「押し紙」についてなぜ取り締まらないのかということは、基本的に述べないという立場です。

・・・・これまで三つの質問をしましたが、命令系統についても答えられない。調査をしたかどうかも言えない、「押し紙」については聞いたことがあると。

担当者：「押し紙」については、個人の経験としては聞いたことがありますが、「なぜ調査しないの」ということについては、申し上げられない。

・・・・新聞販売店の間で公正取引委員会に対する不信感が広がっていることはご存じですか。

担当者：まあ色々な考えの方がおられるでしょうね。

・・・・知らないということでよろしいですか。

担当者：知らないといいますと？

・・・・販売店が「おかしい」と思っているという認識はないということですね。

担当者：そういう見解を申し上げる立場ではありません。

・・・・いえ、あなた自身がおかしいと感じないですかと聞いているのです。

担当者：「押し紙」とか、残紙といった話があることは認識していますが、それについてどう思っているかという点に関しては、個人の見解もふくめて、ここで申し上げることは控えたい。

・・・・佐賀新聞の「押し紙」裁判の判決が、今年の5月にありましたが、この判決については聞いたことがありますか。

担当者：はい。それは聞きました。

・・・・独禁法違反が認定されましたが、どう思われましたか？

担当者：それは裁判でしかるべく原告が出された資料と主張を踏まえて判断されたということだと思います。わたしどもからコメントする立場にはありません。

・・・・今後とも、佐賀新聞についても、調査する気はないということですか？

担当者：佐賀新聞の事案を公正取引委員会がどう扱うかは、個別の案件ですので、コメントは控えたいと思います。

・・・・原告の弁護団から公正取引委員会にたくさんの資料を提出されていますが、それは把握しているわけですね。

担当者：それについては、申告がされたかどうかという話に該当しますので、こちらから何か申し上げることは差し控えたいと思います。

・・・・これについても答えられないと……。

担当者：答えられません。

・・・・「押し紙」問題は、深刻になってきていますが、今後も取り締まる予定はないということですか。

担当者：取り締まる予定があるかどうかをお答えするのも不適切ですので、回答は差し控えます。

（「デジタル鹿砦社通信」２０２２年10月19日）

付録3　古紙回収業者の伝票が示す「押し紙」の実態

事実を裏付ける資料は、報道に不可欠な要素のひとつである。先日、筆者は大野新聞店（茨城県古河市、読売系）の元店長から、膨大な量の内部資料を入手した。その中で注目した資料のひとつに、古紙回収業者が販売店に発行した伝票がある。そこには業者が回収した残紙量と折込広告の量が明記されている。

残紙の実態は、「押し紙」裁判などを通じて、かなり明らかになってきたが、水増しされ、廃棄される折込広告の数量が伝票上で明らかになったのは、筆者の取材歴の中では今回が初めてである。抜き打ち的に伝票を写真付きで紹介しよう。

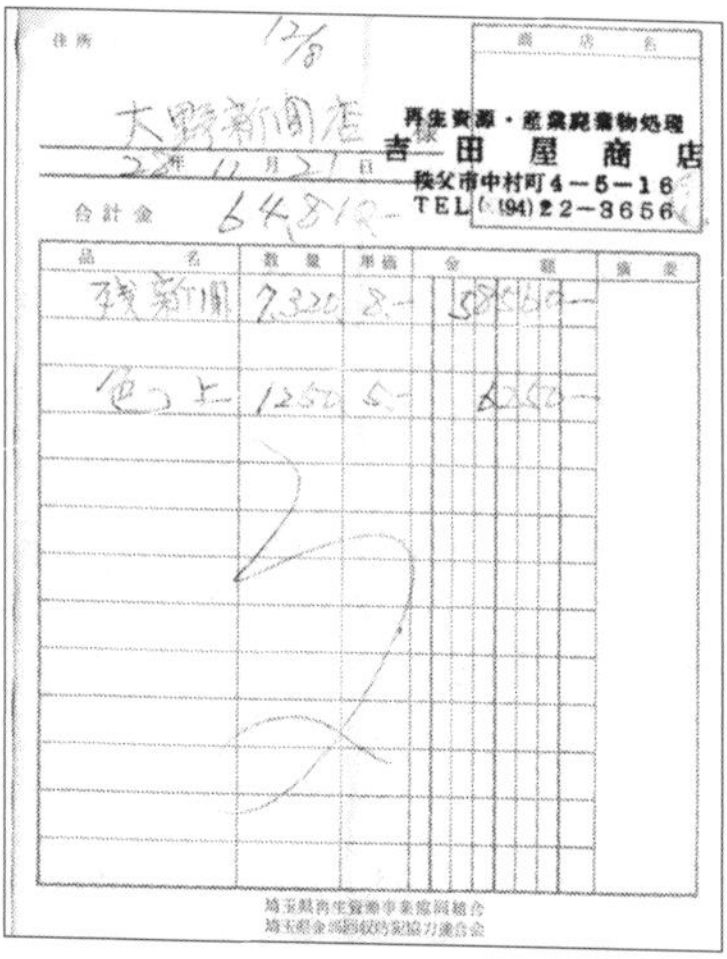
住所
大野新聞店
再生資源・産業廃棄物処理
吉田屋商店
秩父市中村町4－5－16
TEL（0494）22－3656
合計金
品名　数量　単価　金額　摘要
残新聞
色上
埼玉県再生資源事業協同組合

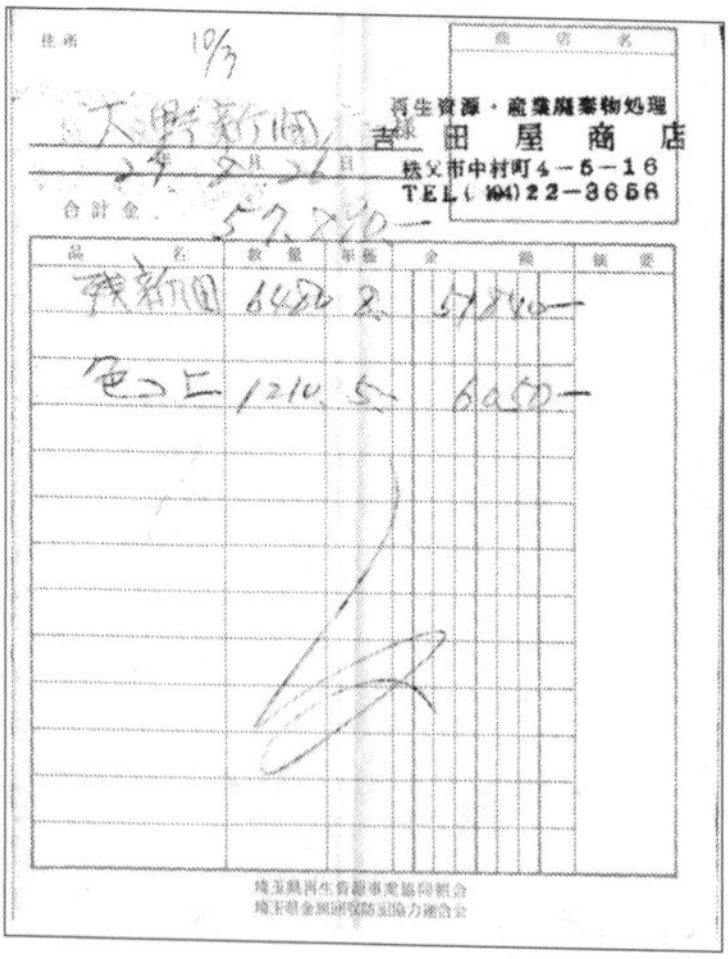
住所
大野新聞店
再生資源・産業廃棄物処理
吉田屋商店
秩父市中村町4－5－16
TEL（0494）22－3656
合計金
品名　数量　単価　金額　摘要
残新聞
色上
埼玉県再生資源事業協同組合

◆過剰になった折込広告を裏付ける伝票

まず伝票で使われている用語について事前に説明しておこう。「残新聞」とは残紙（広義の「押し紙」）のことである。「色上」とは、折込広告の事である。年月日の表記は、元号で表記されている。したがって本稿でも例外的に元号を使用する。ただし（）内に正規の年月日を示した。

元店長によると、古紙回収業者は月に2回から3回、残紙と折込広告を回収していたという。

■平成27年（2015年）8月26日
残新聞：6480kg
色上（折込広告）：1210kg

■平成28年（2016年）11月21日
残新聞：7320kg
色上：1250kg

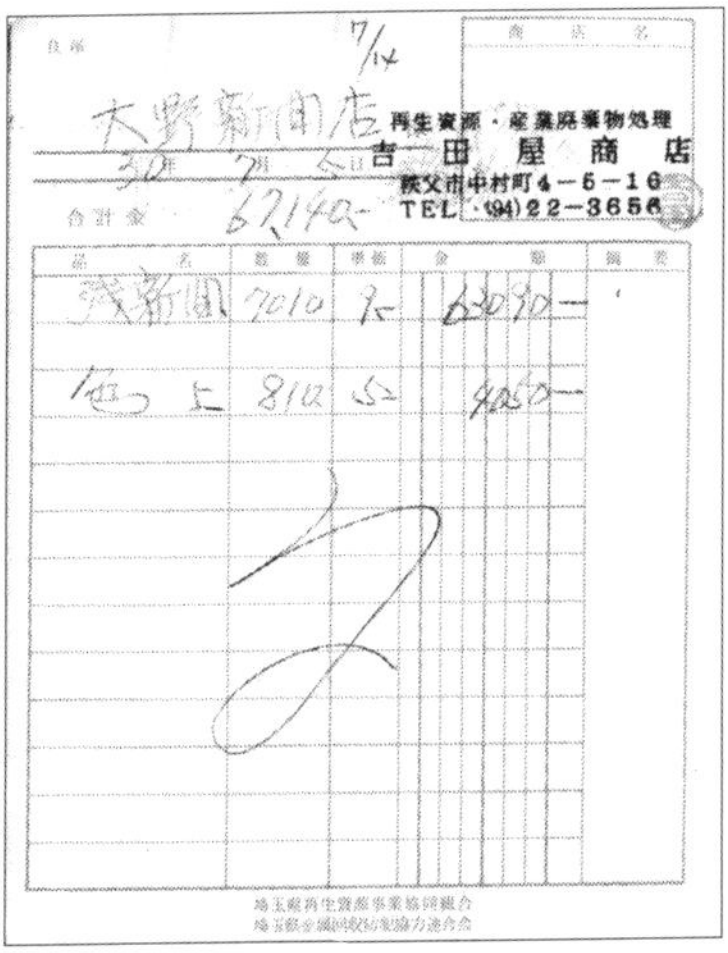
大野新聞店
再生資源・産業廃棄物処理
吉田屋商店
秩父市中村町4－5－16
TEL (94)22－3656
合計金 62,140－

品名	数量	単価	金額	摘要
残新聞	7010	9－	63090－	
色上	810	5－	4050－	

■平成30年（2018年）7月5日
残新聞：7010kg
色上：810kg

◆折込広告の水増しの背景

　折込広告が水増し状態になる背景には、残紙の存在がある。残紙とは、広義の「押し紙」、あるいは

「積み紙」のことである。広告代理店が販売店に割り当てる折込広告の枚数（折込定数）は、新聞の搬入部数に一致させる基本原則がある。そのために搬入部数に残紙が含まれていても、残紙分の折込広告がセットになってくる。その結果、折込広告の水増しが生じるのだ。

もっとも最近は、残紙問題を知っている広告主が多く、折込広告を発注する段階で、自主的にABC部数よりも少ない数量に折込枚数を調整することが多い。それにもかかわらず折込広告が水増し状態になるケースが少なからずある。

今回、紹介した3通の伝票を見る限り、残紙の量と過剰になった折込広告の量がアンバランスになっている。大野新聞店は新聞代金が納金できなくなり、廃業に追い込まれており、したがって折込広告を過剰に受注していたとはいえ、それによる利益よりも、残紙による被害額の方が大きかった可能性が高い。

（「デジタル鹿砦社通信」２０２３年3月9日）

付録4　「担当員の個人口座へ入金を命じられた」、元店主が告発

毎日新聞・網干大津勝原店（姫路市）の元店主から、筆者が入手した預金通帳や「取扱票」を調べたところ、元店主から毎日新聞社の担当員の個人口座に繰り返し金銭が振り込まれていることが判明した。この金銭がどのような性質のものなのかは現時点では不明だが、この販売店は昨年の12月に、「押し紙」が原因で廃業に追い込まれており、金額の中に「押し紙」により発生した金額が含まれていた可能性もある。

元店主は、次のように話している。

「山田幸雄（仮名）担当から個人口座への金銭の振り込みを命じられました。『押し紙』代金の支払いに窮しており、指定された個人口座に新聞代金を振り込めば、特別な取り計らいをすると言われました」

筆者は、毎日新聞・東京本社の山田担当に電話で事実関係を確認した。まず、本人が毎日新聞社販売局に所属している山田幸雄氏であることを確認した。次に山田氏が大阪本社に在籍した時代に、網干大津勝原店を担当した時期があることを確認した。さらに元店主と面識があることを確認した。

しかし、山田氏は元店主による告発内容については、「記憶にない」と話している。

◆総額約420万円の内訳明細

元店主が山田担当の個人口座に送金した日付と金額は次の通りである（記録性を優先して預金通帳が採用している元号で表示する）。

平成30年4月10日：200,000
平成30年6月7日：100,000
平成30年7月2日：550,000
平成30年7月23日：80,000
平成30年9月3日：900,000

平成30年10月1日：900,000
平成30年11月1日：900,000
令和2年1月17日：50,000
令和2年2月6日：20,000
令和2年2月17日：300,000
令和2年3月6日：90,000
令和2年4月7日：50,000
令和2年5月19日：50,000

平成30年度（2018年度）の合計は、363万円である。また令和2年度（2020年度）の合計は、56万円である。総計で419万円が山田担当の個人口座に振り込まれたことになる。

◆里井義昇弁護士が新聞代金・約3900万円を請求

すでに述べたように元店主は昨年12月に販売店の改廃に追い込まれた。その際に、毎日新聞社から、里井義昇弁護士（さやか法律事務所）を通じて、3915万5469円を請求された。請求の中身は、里井弁護士によると、「未払新聞販売代金」である。かりに元店主が山田担当の個人口座に振り込んだ金額に、「押し紙」で発生した卸代金が含まれていたとすれば、里井弁護士が行った約3900万円の請求にも問題がある。

実際、元店主は同店には大量の「押し紙」があったと話している。「押し紙」を排除してほしかったから、担当員の個人口座に金銭を振り込んだのである。

「押し紙」の程度については、現在、発証数などを過去にさかのぼって調査しているので、詳細が判明した段階で公表する。

◆背景に新聞社の優越的な地位

新聞社の系統を問わず、販売店主が担当員の個人口座に金を振り込まされたという話は、しばしば耳にしてきた。昔は、「担当員になればすぐに家が建つ」と言われた。店主が担当員を接待するのは当たり前になっている。網干大津勝浦店の店主も新聞社の担当員らを姫路市の魚町で接待することがあったという。

今回、筆者が得た預金通帳など内部資料により、金銭の流れについての裏付けが得られた。

新聞社の販売店に対する優越的地位の濫用はここまでエスカレートしているのである。

【毎日新聞・社長室のコメント】

調査中であり、社内で適切に対応していきます。

(「デジタル鹿砦社通信」2023年1月25日)

付録5　公取委と消費者庁が黒塗りで情報開示、「押し紙」問題に関する交渉文書

筆者は、今年の6月、公正取引委員会と消費者庁に対して、新聞の「押し紙」に関するある資料の情報公開を申し立てた。

9月になって消費者庁が資料を開示したが、肝心な記述部分を黒塗りにしていた。はからずもこうした情報公開の方法は、新聞社を延々と「保護」してきた公権力の姿勢を浮き彫りにした。背景に権力構造がすけて見える。

この資料は、公正取引委員会と日本新聞協会の間で行われた広義の「押し紙」問題に関する話し合いの記録である。

発端は1997年にさかのぼる。この年、公正取引委員会は、北國新聞社に対して「押し紙」の排除勧告を発令した。北國新聞が、販売店に対してノルマ部数を割り当てた事実を指摘して、改善を勧告したのである。

同時に公取委は、北國新聞以外にも、これと類似した手口の「押し紙」政策を実施している新聞社があるとして、日本新聞協会に対し、「本件勧告の趣旨の周知徹底を図ることを要請」した。

これに対抗して日本新聞協会は奇策に出る。結論を先に言えば、残紙の「2%ルール」を撤廃したのだ。これはどういう意味を持つのか？

◆「2%ルール」

「2%ルール」というのは、新聞の搬入部数の2%を超える残紙を「押し紙」と定義する業界内の自主ルールである。2%を超える残紙は「押し紙」と見なす取り決めである。

たとえばある販売店への新聞の搬入部数が1000部とすれば、そのうちの2%にあたる20部については「予備紙」として認められる。20部を超える残紙が「押し紙」ということになる。

ちなみに「押し紙」行為は独禁法で禁止されている。

ところが日本新聞協会は、公取委による「押し紙」の取り締まりに対して、「2%ルール」を廃止したのだ。その結果、販売店の残紙は、すべて「予備紙」ということになってしまったのだ。こうして「押し紙」の概念を消してしまったのである。

搬入部数の30％が残紙になっていても、それは「押し紙」ではなく、販売店が自主的に購入した「予備紙」という解釈になった。裁判所も、それに準じた判決を下す方向性になった。佐賀新聞の「押し紙」裁判に見るような例外はあるにしても。

◆黒塗り文書

公取委は「押し紙」を取り締まるために北國新聞に対して排除勧告を発令し、新聞協会に対しても、同じ趣旨の要請を行ったのだが、新聞協会がそれに対抗して「2％ルール」を外したために、かえって「押し紙」問題が深刻になったのである。

実際、その後、搬入部数の50％が「押し紙」といったケースが、当たり前に報告されるようになった。

こうした状況の下で、当然、次のような疑問が浮上した。公取委が北國新聞社に対する「押し紙」

の排除勧告を出してから、新聞業界が「2％ルール」を撤廃するまでの間に、公取委と新聞協会の間でどのような交渉があったのかという疑惑である。そこでわたしは、調査の第一歩として交渉記録の情報開示を請求したのである。請求の文面は次の通りである。

「平成10年1月に公正取引委員会が下した（株）北國新聞社に対する審決の後、同年8月に新聞公正取引協議会が公正競争規約から特殊指定関連の文書を削除するまでの期間に、公取委と新聞公正取引協議会の間で行われた特殊指定に関する話し合いの全記録（規約に関連しない話し合いの部分については除く）」

交渉記録は公取委が作成したものであるが、その後、この文書は消費者庁へ移され、そこで保管されている。そこで筆者は消費者庁宛てに情報公開請求を行ったのである。消費者庁は、公取委と協議して対処すると回答した。

しかし、消費者庁と公取委は、肝心の記述を黒塗りにすることで、日本新聞協会を保護する姿勢に出たのである。半世紀も続いている「押し紙」問題で、これ以上、新聞社に便宜を図る必要はないはずだが。

新聞社が権力構造の歯車であるから、こうした保護策に出たのではないか？　それとも別の取り引きがあったのか？　全容の解明が必要だ。新聞業界の中に、政界フィクサーがいた可能性も考慮しなくてはいけない。

次のＰＤＦが黒塗りで開示された書面である（この黒塗りで開示された書面は次頁以降に収録）。

（「メディア黒書」２０２２年9月17日）

委員会議事資料　　取引部取引企画課
消費者取引課
平成10年2月25日（水）　午後2時30分

資料 2

新聞業特殊指定，無代紙の取扱いについて

1　はじめに

(1)　新聞の再販制度にかかわる問題として新聞業特殊指定の見直しを行う必要があり，また，別途，新聞の景品規制の見直しの中で無代紙の取扱いをどのように行うか検討しているところである。

[redacted]

2　新聞業特殊指定について

(1)　経緯，変遷

新聞業特殊指定は，当初，昭和 30 年に制定され，①物品等の利益供与（景品），②無代紙・見本紙，③差別対価，④押し紙について，規定していた。

その後，景品表示法が制定されたことにともない，昭和 39 年に全部改正が行われ，①差別対価，②押し紙を規制する現行の規定となっている（旧指定のその他の部分は，景品表示法に基づく告示・公正競争規約に移行）。

(2)　差別対価（新聞業特殊指定第1項）について

ア　規定上の問題点

新聞業特殊指定第1項は，新聞発行本社又は販売店が，地域又は相手方により，異なる定価を付し，又は定価を割引することを禁止している。

[redacted]

1

イ　制定当時の解釈，その後の運用等

(ア)　制定当時の新聞業特殊指定の解説書（昭和 31 年，公取委事務局編）では，この差別対価に不当性がない場合，例えば，価格差がその商品の等級，品質，数量，輸送量，運賃その他の差異により合理的なものである場合は，「正当な」理由があるものとして不公正な取引方法とはされないとしており，[redacted]

(イ)　違反事件例としては，隣県に対する略奪的価格設定（地域ダンピング）に関する第二次北國新聞事件（昭和 32 年，東京高裁緊急停止命令）がある。

[redacted]

ウ　二様の解釈について

(ア)　学説の状況

学説は，①構成要件に該当すれば直ちに違法（違法性阻却の余地なし），②不当性・公正競争阻害性を有する場合が違法（実質的判断あり）という二つの見解に分けられる。

この見解の相違は，特殊指定の性格及び不公正な取引方法の規制趣旨の理解にかかわる違いである。前者は，特殊指定はその業界特有の事情に照らして「不当」とされる場合を具体的に規定するのであるから，それに当たれば直ちに違法となるというものであり，一方，後者は，独占禁止法の委任の趣旨からみて公正競争阻害性がない場合をも規制するものではないので，そのように解釈して運用すべきというものである。

[redacted]

(イ)　論点

[redacted]

2

[redacted]

エ　政府規制研報告書等

(ｱ)　平成７年７月の再販問題検討小委員会報告書では，新聞業特殊指定について，「値引き自体を否定的に考える傾向もあり，このため，長期購読者等に対する値引が行われないなど，極めて硬直的な形で定価販売制度が実施されている」との弊害を指摘している。

(ｲ)　また，今回の政府規制研報告書では，新聞業特殊指定について「現在でも一部売りと戸別配達による購読料に差異があるように，様々な取引条件等の差を反映した合理的な価格差を設けること自体を禁止するものではないと考えられる」としている。

オ　今後の対応について

[redacted]

3

(3) 押し紙（新聞業特殊指定第２項）について

ア 問題の所在等

(ｱ) 規定上の問題

[redacted]

(ｲ) 実態上の問題

[redacted]

(ｳ) 運用面の問題

[redacted]

イ 今後の対応について

[redacted]

(4) 新聞業特殊指定と自主機関について

ア 経緯，活動対象

(ｱ) 旧特殊指定制定時

昭和 30 年，旧特殊指定の制定とともに，その円滑実施のため，新聞協会において実施要綱を定め自主規制のための機関（以下「自主機関」という。）を設けた（新聞公正取引協議委員会）。

(ｲ) 現行の特殊指定，景品告示・規約への移行時

昭和 39 年，上記の組織は，公正競争規約の運用団体に衣替えしたが，併せて，引き続き新特殊指定に関する自主機関でもあるという形態となった（協議会規則その他の規程の中で，差別対価・割引，押し紙に関する定めを設けている。）。

4

イ　問題点

(ｱ)　新聞公取協が景品規約以外の事業を行っていること

[redacted]

(ｲ)　割引の禁止等を定めていること

[redacted]

(ｳ)　特殊指定について業界自主機関が運用すること

[redacted]

ウ　今後の対応について

[redacted]

3　無代紙の取扱いについて

(1)　経緯等

ア　旧特殊指定の制定

昭和30年の旧特殊指定においては，第2項で，無代紙又は見本紙の配布を禁止していた。その理由としては，当時の解説書によれば，新聞が真に商品見本として配付されるこ

5

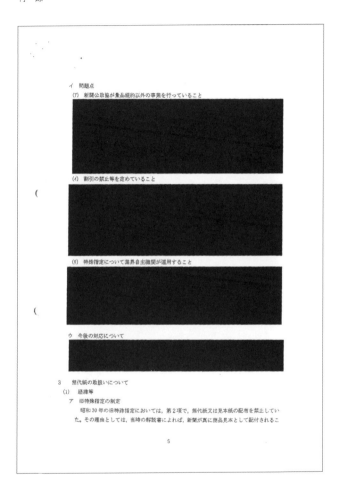

とは希有の事例に属し，無代紙，見本紙を問わず，ほとんどすべての場合において，実際的には景品的なものとして使用されている事実にあり，それ自体正常な販売技術とはみられず，公正な販売競争を阻害していると考えられたためとしている。

イ　新聞業の景品告示

(ｱ)　昭和39年，新聞業景品告示が制定され，景品提供が原則禁止された。「物品」である無代紙（新聞）も原則禁止。

新聞業の景品告示は，提供が許容される経済上の利益として５項目を規定しているが（いわゆる例外５項目），その１つとして，「新聞の発行又は販売を業とするものが無償で提供する新聞であって，新聞業における正常な商慣習に照らして適当と認められる限度内のもの」を規定し，具体的には規約において予約紙・見本紙以外の提供はすべて禁止する内容となっている。

(ｲ)　当時の解説書（「景品表示法の実務（昭和45年　吉田文剛編）」）は，「主商品と同一の物品でも景品類になりうる」として，「本告示は，いわゆる無代紙で景品類に該当するものについては，新聞業における正常な商慣習に照らして適当と認められる限度をこえるものの提供を禁止している」としている。

他方，同解説書は，「新聞の購読勧誘の手段として提供される経済上の利益で「景品類」に該当するかについて疑問のもたれるものに「無代紙」の問題と「金銭提供」の問題がある。」としている。

すなわち，同解説書の中では，醤油業の特殊指定の解釈を紹介し，「同種の商品の提供と値引」について，余計な物品等を併せて提供することで誘引することを禁止するのであり，値引き，割引行為については何ら規制するものではなく，例えば醤油10本の購入者に対し，醤油1本を無料で提供するということは，醤油11本を10本の価額で販売することと同様，一種の値引き行為とみなされるとの昭和40年の事務局の見解が紹介されている。

なお，同解説書は，無代紙と差別対価との関係について，無代紙が景品類と認められない場合には特殊指定違反（定価の割引）の問題が生じる旨を指摘している。

ウ　景品類の指定告示の運用基準（昭和52年）

(ｱ)　昭和52年，景品類等の指定告示の運用基準が設けられた。そこでは，「値引と認められる経済上の利益」に当たるか否かについては，当該取引の内容，その経済上の利益の内容及び提供の方法等を勘案し，公正な競争秩序の観点から判断する旨及び公正競争規約が設定されている業種については，当該公正競争規約の定めるところを参酌する旨を述べた上で，「値引と認められる経済上の利益」に当たらない場合として，「取引通念上景品類であると認識されているとき（例えば，新聞の無代紙）」としている（旧運用基準6項4号イ）。

(ｲ)　この点について，当時の解説書（「新しい景品規制（昭和52年　長谷川　古編）は，

「新聞を６カ月購読予約した人に対して１カ月分無料で配達する，いわゆる無代紙は，「新聞業における景品類の提供の禁止に関する公正競争規約」で景品類とされていますが，このような取引通念上景品類であるとされている場合には，値引になりません」と解説している。

エ　景品規制の一般ルールの見直し

平成８年の一般ルールの見直しの際，上記の昭和52年の運用基準における「取引通念上景品類であると認識されているとき（例えば，新聞の無代紙）」との規定を削除して，実質的値引であって景品とは認められないものについては景品規制の対象外であることを明確にし，従来公正競争規約で例外的に規制していた酒類，醤油等の商品については既に規約の関係規定を削除し，一般ルールと同様の規制に変更しているところである。

(2)　新聞業界側の反応状況等

ア　現状

[redacted]

イ　論点の整理

これまでの経緯を含め新聞業特殊指定や景品規制をめぐる各種の問題点は，前記のとおりであるが，[redacted]

7

[redacted]

(3) 主要な論点についての検討

以下，特にポイントとなる部分について検討することとする。

[redacted]

8

[redacted]

(4)　無代紙問題に関する今後の対応について

[redacted]

9

[redacted]

10

［著者略歴］
黒薮哲哉（くろやぶ・てつや）
ジャーナリスト。1958年兵庫県生まれ。1992年、『説教ゲーム』（改題：「バイクに乗ったコロンブス」）でノンフィクション朝日ジャーナル大賞「旅・異文化」テーマ賞を受賞。1998年、『ある新聞奨学生の死』で週刊金曜日ルポルタージュ大賞「報告文学賞」を受賞。ウェブサイト「メディア黒書」主宰者。
著書に、『「押し紙」という新聞のタブー』（宝島新書）、『あぶない！あなたのそばの携帯基地局』（花伝社）、『新聞の危機と偽装部数』（花伝社）、『ルポ 電磁波に苦しむ人々』（花伝社）、『名医の追放――滋賀医科大病院事件の記録』（緑風出版）、『禁煙ファシズム――横浜副流煙裁判の記録』（鹿砦社）など多数。
連絡先：xxmwg240@ybb.ne.jp
メディア黒書：http://www.kokusyo.jp/
ツイッター：https://twitter.com/kuroyabu
フェイスブック：https://www.facebook.com/tetsuya.kuroyabu

新聞と公権力の暗部　「押し紙」問題とメディアコントロール

2023年5月1日　初版第1刷発行

著　者――黒薮哲哉
発行者――松岡利康
発行所――株式会社鹿砦社（ろくさいしゃ）
本社／関西編集室
〒663-8178　兵庫県西宮市甲子園八番町2-1　ヨシダビル301号
Tel 0798-49-5302　Fax 0798-49-5309
東京編集室／営業部
〒101-0061　東京都千代田区神田三崎町3-3-3　太陽ビル701号
Tel 03-3238-7530　Fax 03-6231-5566
URL　http://www.rokusaisha.com/
E-mail　営業部 sales@rokusaisha.com
編集部 editorial@rokusaisha.com

装　丁――鹿砦社デザイン室
印刷・製本―中央精版印刷株式会社

ISBN978-4-8463-1504-7　C0036